문ㅎ KB088909 ㅅ쑥쑥!

KB088909

1 초등학교 저학년 어휘편

초등 문해력
어휘 100단어의 힘

하루 5개씩 생활 속에서 자주 사용하는 어휘와 교과서
수록 어휘를 익히고 활용하는 연습으로 문해력의 기초
만들기 (부록 100단어 따라쓰기 포함)

2 초등학교 저학년 문장편

초등 문해력
문장 100개의 힘

하루 4쪽씩 문장을 익히고 여러 가지 방법으로 문장
짜임을 공부하고 모범 문장을 익히며 기초 문해력 완성

3 초등학교 저학년 관용구& 속담편

초등 문해력
관용어와 속담 80개의 힘

하루 4개씩 일상에서 자주 사용하는 관용어와 속담을
익히고 활용하며 생활의 지혜를 얻는 초등 저학년 문해
력 완결판

문해쑥쑥② 문장편

초판 1쇄	2024년 7월 10일
글쓴이	(사)한국문예원언어콘텐츠연구원
	오정옥, 원예경, 장임경, 김희정, 박주희
책임감수	오길주, 조월례
펴낸이	조영진
펴낸곳	고래가숨쉬는도서관
출판등록	제406-2006-000090호
주소	경기도 파주시 회동길 329 2층
전화	031-955-9680~1
팩스	031-955-9682
이메일	goraebook@naver.com
디자인	로뎀

글 ⓒ (사)한국문예원언어콘텐츠연구원 2024

ISBN 979-11-92817-28-6
ISBN 979-11-92817-26-2 (세트)

* 값은 뒤표지에 적혀 있습니다.

* 잘못 만든 책은 구입하신 서점에서 바꾸어 드립니다.

* 책의 내용과 그림은 저자나 출판사의 서면 동의 없이 마음대로 쓸 수 없습니다.

KC

품명: 도서 | 전화번호: 031-955-9680 | 제조년월: 2024년 7월
제조국명: 대한민국 | 제조자명: 고래가숨쉬는도서관
주소: 경기도 파주시 회동길 329 2층 | 사용 연령: 8세 이상
* KC마크는 이 제품이 공통안전기준에 적합하였음을 의미합니다.

우리말
바로쓰기

문해 쑥쑥

하루 **3**문장
25일
완성

2
초등학교 저학년
문장편

(사)한국문예원언어콘텐츠연구원

고래가
숨쉬는
도서관

왜 문해 쑥쑥?

문해력이란 '글을 읽고 이해하는 능력'으로, 새로운 내용을 창작하고 의사소통하는 능력까지 포함합니다. 연령에 상관없이 누구에게나 필요한 역량이며 '초기 문해력 - 기초 문해력 - 기능 문해력' 순으로 발달합니다.

초기 문해력 　　 기초 문해력 　　 기능 문해력

초등 저학년 시기에 기초 문해력을 탄탄히 다지는 것은 이후 여러 교과 학습을 잘 하기 위한 필수조건입니다. 우리말 바로쓰기<문해쑥쑥>을 통해 어휘와 문장의 정확한 의미와 쓰임을 익히고, 스스로 능숙하게 활용하면서 문해력을 탄탄하게 다질 수 있습니다. 초등학교 시기는 평생에 사용할 기본 어휘를 배우는 시기입니다. 책을 읽고, 듣고, 말하고, 글을 쓰면서 수많은 어휘를 만나게 되는데 이때 반듯하게 잡아놓은 문해력 기초가 평생의 학습과 의사소통에 큰 힘을 실어줄 것입니다.

문해
쑥쑥②
(문장편)

초등학교 저학년 문장력을 키워주는 교재입니다.
생활 속에서 많이 사용하는 문장과 교과서에 수록된
여러 유형의 문장을 활용하였습니다.

문장은 글쓰기의 가장 기본적인 단위입니다. 이 책은 다음과 같이 구성하여 문장을 좀 더 효율적으로 익히도록 하였습니다.

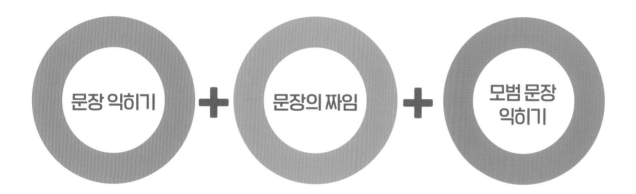

우리는 일상에서 독서 감상문, 설명하는 글, 편지글 등 자기 생각을 나타내는 여러 형태의 글을 써야 할 때가 있습니다. 완결된 생각이나 감정을 표현하는 가장 작은 단위로서 문장을 바르게 쓸 수 있어야 자신의 생각을 정확하게 전달할 수 있고 글쓰기 실력도 향상됩니다.

우리말바로쓰기 <문해쑥쑥②>(문장편)은 하루에 4쪽씩 공부하도록 구성하였습니다. 문장 안에서 어휘의 다양한 쓰임을 이해하고, 여러 가지 방법으로 문장의 짜임을 공부하고 교과서를 기반으로 한 모범 문장을 익힙니다. 이렇게 매일 다양한 문장을 읽고, 써보면 어느새 긴 글도 부담 없이 읽고 쓸 수 있는 문해력을 갖게 될 것입니다. 이 책이 올바른 문장으로 자신의 생각을 풍부하게 표현하고 더 나아가 좋은 글을 쓰는 밑거름이 될 수 있기를 바랍니다.

구성과 특징

1주간의 구성을 알아볼까요?

1 주간학습 계획

한 주간 학습할 문장을 둘러보고 하루에
문장 4개씩 공부하는 계획짜기

2 문장 개념 이해

중요한 어휘의 개념을 익히고, 활용한 예문
을 읽습니다.

3 다양한 문장 활용

주어진 단어를 활용하여 문장 만들기,
앞 문장에 어울리는 문장 만들기, 그림
보며 문장 만들기등 문제풀이로 다양
한 문장을 만들어 봅니다.

④ 문장의 짜임 알기

짧은 문장, 긴 문장이 어떻게 만들어지는지 공부하고, 문제를 통해 짜임에 맞는 문장을 씁니다.

⑤ 모범 문장 읽기

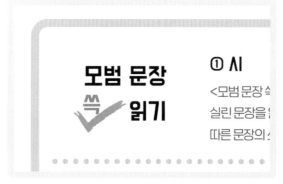

교과서에 실린 시, 동화, 설명문 등을 읽으며 어떤 것이 모범 문장인지 살펴봅니다.

⑥ 한 주 정리

한 주가 끝나면 정리학습을 하며 배운 내용을 복습하고 한 주를 마무리합니다.

목차

2주

목차

3주

4주

목차

1주 정리학습

학습계획	공부한 날	내 용
1일	( )월( )일	아기가 귀엽다 친구를 만나서 반갑다 문장의 짜임 – ~이/가 + 무엇이다. 모범 문장 읽기 ① 시
2일	( )월( )일	사과를 깎다 아빠가 성큼성큼 걸어오셨다 문장의 짜임 – ~이/가 + 어찌하다. 모범 문장 읽기 ② 설명하는 글
3일	( )월( )일	물건이 묻히다 떠드는 소리가 요란하다 문장의 짜임 – ~이/가 + 어떠하다. 모범 문장 읽기 ③ 동화
4일	( )월( )일	환자를 보살피다 정원을 가꾸다 문장의 짜임 – ~이/가 + ~을/를 + 어찌하다. 모범 문장 읽기 ④ 동화
5일	( )월( )일	마음이 복잡하다 어릴 적 기억이 생생하다 문장의 짜임 – ~이/가 + ~이/가 + 되다. 모범 문장 읽기 ⑤ 시

 1주 정리학습

아기가 귀엽다

예쁘고 애교가 있어서 사랑스럽다.

우리 집 개가 귀여운 강아지를 다섯 마리나 낳았다.
내 동생이 나를 보며 귀엽게 웃었다.

1. 다음은 '귀엽다'를 활용한 문장들입니다. 큰 소리로 읽어 보세요.

① 오늘따라 친구의 웃는 모습이 <u>귀여워</u> 보였다.

② 엄마에게 <u>귀여운</u> 강아지 인형을 사 달라고 했다.

③ 우리집 개 토비가 낳은 강아지가 무척 <u>귀엽다.</u>

2. <보기>에 있는 단어를 사용하여 문장을 완성하세요.

보기   웃는   모습이   잔다   잠을

① 귀여운 강아지가

② 아기가   귀엽다.

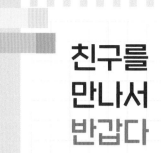

친구를 만나서 반갑다

만나고 싶은 사람을 만나거나 원하는 일이
이루어져 마음이 즐겁고 기쁘다.

• •

와, 정말 반갑다. 이게 얼마 만이니?
오랜만에 친구들의 얼굴을 보니 반가웠다.

 1. 빈칸에 알맞은 말을 <보기>에서 찾아 쓰세요.

> **보기** 반가웠다 반갑다 반갑게 반가워 반가운

① 아빠가 출장에서 오랜만에 돌아오셔서 너무

② 까치가 울면   손님이 찾아온다고 한다.

 2. 빈칸에 알맞은 말을 위의 <보기>에서 찾아 쓰세요.

> **예** <u>반갑다,</u> 친구야. 나는 우리 반 반장이야.

① 안녕, 얘들아. 만나서

내 이름은 김지현이라고 해.

이것이
책이다

문장의 짜임

~이(~가) + 무엇이다.

* '~이' 대신에 '-가, -은, -는'을 쓸 수 있음

---

1. 서로 어울리는 말에 줄을 그으세요.

사자는   ●   ●   채소다.

진수가   ●   ●   반장이다.

배추는   ●   ●   동물이다.

---

2. 다음 <보기> 단어를 사용하여 '~ 은(는) ~ 이다.' 짜임으로 문장을 쓰세요.

> **보기**   꽃이다   한복은   무궁화는   옷이다

①

②

 ① 시

모범 문장 쓱✓읽기

봄의 길목에서

 우남희

겨울 끝자락
봄의 길목

가거라! 가거라!
안 된다! 안 된다!

봄바람이
겨울바람과
밀고 당기기를 합니다.

풀밭에 떨어진 노란 단추
　　　　민
　　　　들
　　　　레
　　　　꽃

국어 3학년 '재미가 톡톡톡'

 1. 위 시에서 봄바람과 겨울바람은 무엇을 하고 있나요?
　　찾아서 문장으로 쓰세요.

_____

스스로
평가

사과를 깎다

① 물건의 거죽이나 표면을 얇게 벗겨 내다.
② 낮추어서 줄이다.

아버지께서는 수염을 깎으셨다.
꽃집 주인이 꽃을 많이 샀더니 값을 조금 깎아 줬다.

 1. 다음 중 '깎다'의 의미가 다르게 쓰인 문장을 고르세요. (   )

① 할머니께서 사과를 깎아 주셨다.

② 나는 연필 세 자루를 깎았다.

③ 과일 값이 너무 비싸서 깎아 달라고 했다.

④ 나무를 깎아서 인형을 만들었다.

 2. <보기>의 단어를 사용하여 대화 말을 완성하세요.

보기   깎아야겠구나   그럼   다시   연필을

엄마 : 연필이 다 뭉툭해졌네. 오늘 글씨를 많이 썼구나.

지수 : 네, 오늘따라 공책에 쓸 게 많았어요.

엄마 :

아빠가
성큼성큼
걸어오셨다

다리를 높이 들어 떼어 놓는 모양

친구가 나를 향해 성큼성큼 걸어왔다.

 1. 다음 중 어색한 문장을 골라 바르게 고쳐 쓰세요.

① 선생님께서 바쁘신지 <u>성큼성큼</u> 걸어가셨다.

② 사육사가 사자 우리로 <u>성큼성큼</u> 걸어 들어갔다.

③ 민호는 <u>성큼성큼</u> 빵을 먹었다.

 2. <보기>의 단어를 사용하여 이어질 문장을 쓰세요.

 걸어가셨다   성큼성큼   야금야금   달려가셨다

어제 오후 길을 가다가 아빠와 아이가 걸어가는 모습을 보았다.

아빠가 먼저

아이는 종종걸음으로 아빠를 따라가고 있었다.

문장의 짜임

물고기가
헤엄친다

~이(가) + 어찌하다.

*'어찌하다'는 '무엇이(누가)'의 움직임이나
행동을 나타내는 말임

1. 서로 어울리는 말에 줄을 그으세요.

~이			어찌하다.
동생이	●	●	날아간다.
비행기가	●	●	웃는다.
가수가	●	●	달린다.
호랑이가	●	●	노래한다.

2. <보기>의 단어를 사용하여 '~이(가) + 어찌하다.(움직임, 행동)'의
짜임을 가진 문장을 쓰세요.

보기 개나리가   굴러간다   친구가   피었다   노래한다   공이

 ② 설명하는 글

이번에 새로 제 짝이 된 친구는 정하윤이고 여자아이입니다.

이름과 성별

하윤이는 키가 크고 눈썹이 진합니다.

모습, 특징

하윤이는 종이접기를 좋아해서 색종이를 항상
가지고 다닙니다.

좋아하는 것

하윤이는 달리기를 잘합니다. 우리 반 여학생들
가운데서 가장 빠릅니다.

잘하는 것

국어 2학년 '자세하게 소개해요.'

 윗글을 읽고 인물의 특징과 잘하는 것을 문장으로 쓰세요.

하윤이의
특징

하윤이가
잘하는 것

 스스로
평가

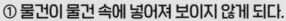

물건이 묻히다

① 물건이 물건 속에 넣어져 보이지 않게 되다.
② 가루, 풀 등 무언가가 다른 물체에 들러붙게
　하거나 흔적을 남기다.

땅속에 묻혀 있던 보물 상자를 찾았다.
옷에 페인트를 묻히다.

 1. 다음 중 '묻히다'의 뜻이 다르게 쓰인 문장을 고르세요. (　　　　)

① 아이스크림을 먹다가 입에 <u>묻혔다.</u>

② 그림을 그리다가 옷에 물감을 <u>묻혔다.</u>

③ 종이에 물을 <u>묻혔다.</u>

④ 산사태가 일어나서 나무들이 땅 속에 <u>묻혔다.</u>

 2. 다음 문장을 읽고 잘못된 부분을 고쳐서 바르게 쓰세요.

① 마을이 어둠에 <u>묻다.</u>

② 많은 유물들이 흙 속에 <u>묻어</u> 있었다.

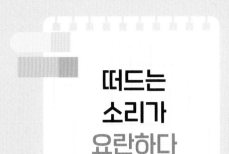

**떠드는
소리가
요란하다**

① 시끄럽고 떠들썩하다.
② 어수선하고 야단스럽다.

아이들이 노는 소리가 요란하다.
폭죽 터지는 소리가 요란해서 깜짝 놀랐다.

 1. 다음 중 어색한 문장을 찾아서 번호를 쓰세요. (　　　　)

① 밖에서 쿵쿵 요란한 소리가 났다.

② 집 안이 조용해서 요란하다.

③ 밖에서 식구들이 요란하게 웃는 소리가 들렸다.

④ 거실에서 들리는 텔레비전 소리가 요란했다.

 2. <보기>의 단어를 활용하여 그림을 설명하는 문장을 쓰세요.

보기　요란했다　소리가　비행기　떠드는　아기가　우는

① 　②

①

②

문장의 짜임

하늘이
높다

~ 이(가) + 어떠하다.

*'어떠하다'는 '무엇(누가)'의 상태나 성질을
나타냄

1. 서로 어울리는 말에 줄을 그으세요.

~이(가)

어떠하다.

상어가 •

얼굴이 •

바람이 •

선생님이 •

• 시원하다.

• 친절하다.

• 무섭다.

• 하얗다.

2. <보기>의 단어를 활용하여 그림을 설명하는 문장을 쓰세요.

보기 맛있다   아름답다   장미꽃이   비빔밥이

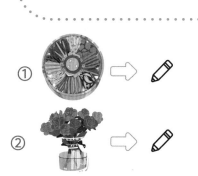

① ⇨ ✎

② ⇨ ✎

모범 문장 쓱✓읽기 ③ 동화

개구리와 두꺼비는 친구

두꺼비가 자기 집 현관 앞에 앉아 있었어요. 개구리가 와서 물었지요.

"무슨 일 있니, 두꺼비야? 너 슬퍼 보인다."

두꺼비가 말했지요. "응, 지금이 하루 중 가장 슬플 때야. 편지 오기를 기다리는 때거든. 이때가 되면 나는 늘 불행해."

개구리가 물었어요. "왜?"

두꺼비가 대답했지요. "나는 편지를 한 번도 못 받았거든."

국어 2학년 '인물의 마음을 짐작해요'

---

 1. <보기>에서 두꺼비의 마음을 찾아 이유와 함께 쓰세요.

보기   슬퍼요   행복해요   궁금해요   부끄러워요

① "나는 편지를 한 번도 못 받았거든." ⇨ 두꺼비는 편지를 한 번도 못 받아서 슬퍼요.

② "네가 편지를 보냈다고? 뭐라고 썼는데?"

⇨ 두꺼비는

③ 나흘 뒤에 달팽이가 와서는 두꺼비한테 개구리의 편지를 전해 주었어요.

⇨ 두꺼비는

 스스로 평가

환자를 보살피다

① 정성을 기울여 보호하다.
② 이리저리 보면서 살피다.

어머니께서는 우리를 알뜰살뜰 보살피신다.
주위를 보살피며 조심스레 걸었다.

 1. 다음 중 어색한 문장을 찾아서 번호를 쓰세요. (   )

① 강아지가 아파서 정성껏 <u>보살펴</u> 주었다.

② 아기는 엄마가 <u>보살펴</u> 주니 좋아했다.

③ 어린 아이들을 <u>보살펴</u> 사람들이 필요하다.

④ 늙으신 부모님을 <u>보살펴</u> 드려야 한다.

 2. <보기>의 단어를 활용하여 대화를 완성하세요.

 잘   새끼   강아지들을   보살펴 줘야겠네

 우리 집 강아지가 어제 새끼를 다섯 마리나 낳았어.
아직 눈도 뜨지 않았어.

정원을 가꾸다

① 좋은 상태로 만들려고 보살피다.
② 식물이나 그것을 기르는 장소를 손질하고 보살피다.

사람은 자신을 잘 가꾸며 살아야 한다.
정성을 다해 꽃을 가꾸다.

 1. 다음 중 '가꾸다'의 쓰임이 다른 문장을 고르세요. (   )

① 할머니께서는 텃밭을 <u>가꾸는</u> 것을 좋아하신다.

② 그는 어릴 때부터 화가가 되는 꿈을 <u>가꾸어</u> 왔다.

③ 잘 <u>가꾸어진</u> 화단을 보니 기분이 좋았다.

 2. <보기>의 단어를 활용하여 그림을 설명하는 문장을 쓰세요.

 보기   가꾸신다   어머니께서   화분을   매일

문장의 짜임

강아지가 재롱을 부린다

~이(가) + ~을(를) + 어찌하다.

* '어찌하다'의 대상이 되는 단어에는 '을' 또는 '를'을 붙임

1. <보기>의 단어를 읽고, (   )에 알맞은 말을 골라 쓰세요.

보기   환자를   과자를   불을   공을

~이(가)	~을(를)	어찌하다.
의사가	( )	돌본다.
소방관이	( )	끈다.
나는	( )	찬다.

2. <보기>의 단어를 활용하여 그림을 설명하는 문장을 쓰세요.

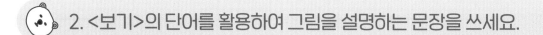

보기   한다   알을   아이들이   낳는다   오리가   세배를

모범 문장 쓱✓ 읽기 ④ 동화

훨훨 간다

건너편 논에 커다란 황새 한 마리가 훨훨 날아와 앉았어요.

그러자 빨간 코 농부 아저씨는 무릎을 치며 말했어요.

"훨훨 온다."

할아버지도 잊어버리지 않으려고 똑같이 따라 했어요.

"훨훨 온다."

논바닥에 날아와 앉은 황새가 성큼성큼 걸었어요.

"<u>성큼성큼</u> 걷는다."

몇 걸음 걷던 황새가 이리저리 기웃기웃 살폈어요.

"<u>기웃기웃</u> 살핀다."

국어 2학년 '장면을 떠올리며'

 1. 다음 낱말을 넣어 황새 모습을 문장으로 쓰세요.

① 성큼성큼

_____

② 기웃기웃

_____

스스로 평가

마음이
복잡하다

① 여러 가지 일이나 감정이 얽혀 있다.
② 복작거리어 혼잡스럽다.

사람들로 거리가 복잡하다.
이 수학 문제는 계산이 복잡해서 풀기 어렵다.

 1. 다음 중 '복잡하다'를 사용하여 바르게 쓴 문장을 고르세요. (   )

① 문제가 <u>복잡하여</u> 답을 찾기 쉬웠다.

② 교통이 <u>복잡하여</u> 길 찾기가 힘들었다.

③ 라면 맛이 <u>복잡하여</u> 먹기 싫었다.

④ 도로가 <u>복잡하여</u> 차가 잘 달린다.

 2. <보기>의 단어를 사용해서 대화 말을 완성해 보세요.

보기   돌아왔어   너무   복잡해서   중간에   길이

지수 : 민호야, 어린이 날 어디 갔었니?
민호 : 응, 아빠, 엄마랑 놀이동산에 갔어.
지수 : 정말? 뉴스 보니까 차가 많이 막히던데. 괜찮았어?
민호 : 말도 마.

어릴 적 기억이 생생하다

① 상하지 않고 생기가 있다.
② 바로 눈앞에 보는 것처럼 또렷하다.

물을 주자 꽃잎이 생생하게 살아났다.
헤어졌던 친구의 모습이 아직도 생생하다.

 1. '생생하다'의 의미가 다르게 쓰인 문장을 고르세요. (   )

① 시든 꽃에 물을 주었더니 <u>생생하게</u> 피어났다.

② 유치원 다닐 때의 기억이 <u>생생하다.</u>

③ 시험을 볼 때 공부한 내용이 <u>생생하게</u> 떠올랐다.

④ 어릴 적 헤어진 친구의 얼굴이 아직도 <u>생생하다.</u>

 2. <보기>의 단어를 활용하여 뜻에 맞게 문장을 쓰세요.

보기

| 할머니께서 | 떠오른다. | 불고기를 | 기억이 | 해 주신 | 생생하게 |

문장의 짜임

누나는
대학생이
된다

~ 이/가 + ~ 이/가 + 되다.

* '되다'로 끝나는 문장은 중간에 뜻을 보충해 주는
  말이 들어감

 1. 서로 어울리는 말에 줄을 그으세요.

~이(가)

얼음이 •
에디슨은 •
나는 •
올챙이는 •

~이(가) 되다.

• 물이 되다.
• 선생님이 될 것이다.
• 과학자가 되었다.
• 개구리가 된다.

 2. <보기>의 단어를 사용하여 '무엇이(누가) + 무엇이 + 되다.'의
짜임을 가진 문장을 쓰세요.

보기 삼촌이 쌀이 가수가 밥이 되었다 된다

①

②

모범 문장 ⑤ 시
 읽기

풀이래요

아빠는
날 보고
도깨비바늘이래요.
꼬옥 붙어
안 떨어진다고
엄마는
날 보고
강아지풀이래요.
아빠 뒤만
졸래졸래
따라다닌다고

손동연

국어 2학년 '장면을 떠올리며'

 1. 위 시를 읽고 다음 문장을 완성해 보세요.

① 우리 아빠는 날 보고

_____

② 우리 엄마는 날 보고

_____

 스스로
평가

1주 정리학습

 1. <보기>와 같이 단어들을 활용하여 문장을 쓰세요. (2문장)

할머니께서	길이	나는
친구를	과일을	많이
만났다	깎으셨다	복잡하다

보기

① 눈이 하얗다.

② 내가 아기를 안아 주었다.

①

②

스스로
평가

학습계획	공부한 날	내 용
6일	( )월 ( )일	조개 껍데기를 줍다 물감이 굳어서 무용지물이 되다 문장의 짜임 – ~은/는 + ~이/가 + 아니다. 모범 문장 읽기 ⑥ 설명문
7일	( )월 ( )일	은혜를 베풀다 훗날 선생님이 되다 문장의 짜임 – 어떠한 + ~이/가 + 어찌하다. 모범 문장 읽기 ⑦ 생활글
8일	( )월 ( )일	빚을 갚다 방문을 잠그다 문장의 짜임 – ~이/가 + 어떠한 + ~을/를 + 어찌하다. 모범 문장 읽기 ⑧ 동화
9일	( )월 ( )일	사람을 가두다 과자를 빼앗다 문장의 짜임 – ~이/가 + 어떻게~ + 어찌하다. 모범 문장 읽기 ⑨ 동화
10일	( )월 ( )일	동생이 억지를 부린다 트집을 부리다. / 트집을 잡다 문장의 짜임 – 어떠한 + ~이/가 + 어떻게~ + 어찌하다. 모범 문장 읽기 ⑩ 옛이야기

 2주 정리학습

조개 껍데기를 줍다

달걀이나 조개 등의 겉을 싸고 있는 단단한 물질

● ●

달걀 껍데기를 깨뜨리다.

1. 다음 중 '껍데기'의 쓰임이 바른 문장을 고르세요. (   )

① 바닷가에서 주운 조개 <u>껍데기</u>로 목걸이를 만들었다.

② 사탕 <u>껍데기</u>가 두껍다.

③ 과자 <u>껍데기</u>는 분리수거를 해야 한다.

2. <보기>의 단어를 사용하여 그림을 설명하는 문장을 쓰세요.

> 보기   달걀 다 껍데기가 깨져 버렸다 꽃게 단단하다 껍데기는

 ①

 ②

①

②

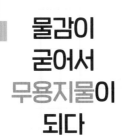

물감이 굳어서 무용지물이 되다

쓸모없는 물건이나 사람

여행 계획을 꼼꼼하게 짰는데 못 가게 되어 무용지물이 됐다.

 1. 다음 (   ) 안에 알맞은 말을 쓰세요.

① 비가 너무 많이 쏟아지는 바람에 우산은 (   )이 되었다.

② 겉모습이 아무리 보기 좋아도 쓸모가 없으면 (   )이다.

 2. '무용지물'을 활용하여 다음 문장을 완성하세요.

> **보기**   실이 없으면 바늘은 무용지물이다.

① 전기가 나가니까 전자레인지도, 냉장고도 (   )이다.

② 글을 알지 못하면 아무리 책이 많아도 (   )이다.

③ 캠핑을 갔는데 버너를 놓고 왔다. 라면은 (   )이 되었다.

문장의 짜임

거미는 곤충이 아니다

~ 은(는) + ~이(가) + 아니다.

．．．．．．．．．．．．．．．．．．．．．．．．．

* '아니다'로 끝나는 문장은 중간에 뜻을 보충해 주는
말이 들어감

 1. 서로 어울리는 말에 줄을 그으세요.

~는(은)

오이는 ●

아빠는 ●

코끼리는 ●

~이(가) 아니다.

● 학생이 아니다.

● 과일이 아니다.

● 식물이 아니다.

 2. <보기>의 단어를 활용하여 '~은(는) ~이(가) 아니다.'의 짜임을
가진 문장을 쓰세요.

보기 거미는 양파는 아니다 곤충이 과일이

①

②

모범 문장 쓱 읽기

⑥ 설명문

보기 로봇은 여러 가지 일을 합니다. 감시용 로봇은 도둑이 집에 들어오는지 살피는 일을 합니다. 해양 탐사 로봇은 바다 깊은 곳에 가서 그곳 상태를 조사합니다. 정확하게 수술하는 의료용 로봇도 있습니다.

국어 3학년 '문단의 짜임'

1. 로봇이 하는 일을 <보기>에서 찾아 문장을 완성하세요.

① 감시용 로봇

_____

② 해양 탐사 로봇

_____

③ 위에 나온 로봇 외에 내가 아는 로봇을 써 보세요.

_____

스스로
평가

은혜를
베풀다

① 일을 벌이다.
② 남에게 돈을 주거나 일을 도와주어서 혜택을 받게하다.

• •

선생님께서 베풀어 주신 은혜, 절대 잊지 않겠습니다.
성대한 만찬을 베풀다.

 1. '베풀다'의 의미가 다르게 쓰인 문장을 고르세요. (   )

① 어려운 사람들에게 온정을 <u>베풀었다.</u>

② 심청이는 아버지를 찾기 위해 잔치를 <u>베풀었다.</u>

③ 은혜를 <u>베풀고</u> 나니 마음이 뿌듯했다.

④ 선생님은 형편이 어려운 학생들에게 은혜를 <u>베푸셨다.</u>

 2. 다음 이야기를 읽고 사또가 마을 사람들에게 어떤 은혜를 베풀었는지
찾아 쓰세요.

옛날 어느 마을에 큰 홍수가 나서 집이 떠내려가고, 논과 밭이 물에 잠겨
어려움을 겪는 사람들이 많았습니다. 사또는 어려움에 처한 마을 사람들
을 위해 집과 먹을 것을 마련해 주었습니다.

사또는

훗날
선생님이
되다

시간이 지나 뒤에 올 날

우리는 먼 훗날에 다시 만나자고 약속했다.

---

1. <보기>에서 글자를 골라서 (　　)에 들어갈 단어를 쓰세요.

보기

가	선	의	발	가	생
화	가	수	님	사	미

① 나는 훗날 (　　　　　　　　) (이/가) 되고 싶다.

---

2. <보기>에 있는 단어를 활용하여 그림을 설명하는 문장을 쓰세요.

보기　훗날　지영이는　되었다　화가　선생님이　이모는

　①

　②

①

②

문장의 짜임

빨간 장미꽃이 피었다

어떠한 + ~이/가 + 어찌하다.

* '빨간'은 '장미꽃'을 꾸며 주며 '장미꽃'을 자세히 표현하고 있음

 1. 다음 (   ) 안에 들어갈 꾸며 주는 말을 <보기>에서 찾아 쓰세요.

보기   맛있는   차가운   게으른   커다란   느린   어린

① 게으른 나무늘보가 낮잠을 잔다.

②   바람이 분다.

③   아이가 길을 건넌다.

④   상자가 놓여 있다.

⑤ 아빠가   케이크를 사 오셨다.

 # 모범 문장 쓱 읽기 ⑦ 생활글

점심을 먹고 나서 어머니 얼굴 그림과 '어머니, 생신 축하 드려요.'라고 쓴 생신 축하 쪽지를 들고 어머니 방에 갔다. 어머니께서는 내 선물을 보시더니
"가은아, 고마워! 정말 잘 그렸네."
라고 하시며 나를 꼭 껴안아 주셨다. 내가 준비한 선물을 받은 어머니께서 기뻐하셔서 정말 뿌듯하고 기분이 좋았다. <u>어머니의 다음 생일 때도 정성이 담긴 선물을 줘야겠다.</u>

국어 2학년 '인상깊었던 일을 써요'
<어머니 생신 선물> 중에서

 1. 윗글을 읽고 밑줄 친 문장을 높임 표현을 사용하여 바르게 고쳐 쓰세요. (2군데)

① 어머니의 다음 생일 때도 정성이 담긴 선물을 줘야겠다.

_____

 스스로 평가

빛을
갚다

① 남에게 빌린 것을 돌려주다.
② 남에게 신세 진 것을 돌려주다.

어머니께서 옆집에서 꾸어 온 쌀을 갚으셨다.
까치는 나그네에게 은혜를 갚았다.

1. <보기>의 '갚다'와 다른 의미로 쓰인 문장을 고르세요. (   )

보기 농부는 빚을 곡식으로 갚았다.

① 나는 어제 친구에게 빌린 돈을 갚았다.

② 사냥꾼에게 은혜를 갚는 비둘기 이야기를 보았다.

③ 민준이는 빚을 갚고 나자 마음이 후련해졌다.

④ 친구 샤프를 고장 내서 돈으로 갚았다.

2. <보기>에서 글자를 골라 '~갚았다.'가 들어가는 문장을 쓰세요.

보기	까	경	호	혜	를	생
	은	가	치	았	갚	다

까치가

방문을 잠그다

여닫는 물건을 열지 못하도록 하다.

● ● ● ● ● ● ● ● ● ● ● ● ● ● ● ● ● ● ●

유리문을 잠갔다.

열쇠로 꼭 잠가라.

---

 1. 다음 중 어색한 문장을 찾으세요. (   )

① 문을 <u>잠갔어서</u> 안심이 되었다.

② 내 책상 서랍을 아무도 열지 못하게 꼭 <u>잠갔다.</u>

③ 선생님께서 도서관 문을 잘 <u>잠그라고</u> 하셨다.

④ 어머니께서 수도꼭지를 <u>잠그셨다.</u>

 2. <보기>의 단어를 활용하여 문장을 쓰세요.

 일기장을   잠갔다   넣고   서랍에   현진이는   열쇠로

현진이는

문장의 짜임

나는 달콤한 사탕을 먹었다

~이/가 + 어떠한 + ~을/를 + 어찌하다.

* '달콤한'은 문장의 중간에서 '사탕을'을 꾸며 줌

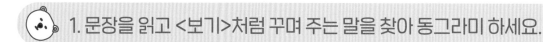

1. 문장을 읽고 <보기>처럼 꾸며 주는 말을 찾아 동그라미 하세요.

보기 할머니께서는 (따뜻한) 국물을 좋아하신다.

① 호랑이는 날카로운 이빨을 가졌다.

② 지연이는 시원한 음료수를 마셨다.

2. 다음 단어를 사용하여 꾸며 주는 말이 들어간 문장을 쓰세요.

① | 달린다 | 넓은 | 말이 | 들판을 |

⇨ _____

② | 영희는 | 일기장을 | 샀다 | 새 |

⇨ _____

모범 문장 쏙✓읽기 ⑧ 동화

옛날, 어느 마을에 사이좋은 형제가 살고 있었어요.
형제는 서로 도와주며

① _____

가을이 되었어요. "영차 영차!"
형제는 열심히 곡식을 거두어 똑같이 나누어 가졌답니다.

형은 곳간에   ② _____

형은 동생 집에 볏단을 가져다 놓기로 했어요.

국어 2학년 '말의 재미를 찾아서'

 1. 윗글을 읽고 밑줄 친 부분에 들어갈 문장을 <보기>에서 찾아 쓰세요.

 보기
- 차곡차곡 쌓인 볏단을 바라보았어요.
- 오순도순 정답게 지냈어요.

 스스로
평가

사람을
가두다

사람이나 동물을 일정한 장소에 넣고 밖으로
나오지 못하게 하다.

송아지를 우리에 가두었다.

 1. ( ) 안에 알맞은 말을 <보기>에서 골라 쓰세요.

보기   가두고   가두었다   가두어   가두니

① 사냥꾼이 사슴을 잡아서 우리에 ( )

② 소들을 우리에 ( ) 집으로 돌아왔다.

③ ( ) 둔 동물들을 풀어 주었다.

 2. 다음 단어를 사용하여 문장을 쓰세요.

목동이   가두었다   양 떼를   우리에

⇨

과자를
빼앗다

남의 일이나 시간, 자격 따위를 억지로 차지하다.

형이 동생에게 장난감을 빼앗았다.
친구의 물건을 몰래 빼앗다.

 1. '빼앗다'를 문장의 흐름에 맞게 고쳐 빈칸에 쓰세요.

① 동생한테 (   ) 사탕을 다시 돌려주었다.

② 나는 엄마에게 게임기를 (   ).

③ 다른 사람의 물건을 함부로 (   ) 가면 안 된다.

 2. <보기>의 단어들을 활용하여 문장을 쓰세요.

보기
우리는   진호는   울었다   되찾았다
장난감을   나라를   빼앗긴   빼앗겨서

① 우리는

② 진호는

문장의 짜임

바람이 세차게 분다

~이/가 + 어떻게 ~ + 어찌하다.

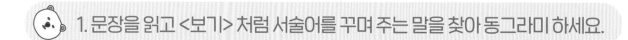

* '어떻게'에 해당하는 '세차게'가 서술어 '분다'를 꾸며 줌

1. 문장을 읽고 <보기> 처럼 서술어를 꾸며 주는 말을 찾아 동그라미 하세요.

보기 유채꽃이 (아름답게) 피었다.

① 친구가 바이올린을 멋지게 연주한다.

② 물고기가 빠르게 헤엄친다.

2. <보기>에서 빈칸에 알맞은 꾸며 주는 말을 골라 쓰세요.

보기 쉽게 어렵게 빠르게 예쁘게 슬프게

① 나는 배가 고파서 (   ) 집으로 달려갔다.

② 콩쥐는 엄마를 생각하며 (   ) 울었다.

③ 나는 이제 구구단을 (   ) 외울 수 있다.

모범 문장 ✓쓱 읽기 ⑨ 동화

[아홉 살 마음 사전]

방울이는 잘 있을까? 잠을 자려고 누워도 얼굴이 아른아른 떠올라.

①

우리 가족이 빙 둘러앉아 서로 어깨를 주물러 주었어.

②

어질러진 방을 깨끗하게 청소했어. '청소 끝.'

③

국어 2학년 '말의 재미를 찾아서'

 1. 윗글을 읽고 빈칸 ① ~ ③에 들어갈 말을 <보기>에서 찾아 쓰세요.

보기   흐뭇해   행복해   보고 싶어   미안해

 스스로 평가

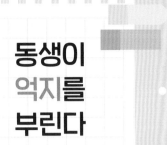

동생이 억지를 부린다

말도 안 되는 것을 주장하는 고집

냄새 맡은 값을 달라니, 그런 억지가 어디 있어!

---

1. 문장을 읽고 (　　　) 안에 알맞은 말을 쓰세요.

① 거기서는 (　　　　　)도 안 통해.

② 장난감 가게에 가면 어찌나 (　　　　　)를 부리는지 몰라.

③ 네 말은 너무 (　　　　　)스러워.

---

2. 다음 단어들을 활용하여 문장을 쓰세요.

| 동생은 | 억지를 | 내 | 종종 | 부린다 |

 _____

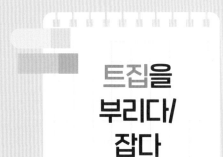

트집을
부리다/
잡다

공연히 조그만 흠을 들추어내어 불평을 하거나
말썽을 부림

· ·

동생은 작은 일에도 트집을 부린다.
언니가 자주 트집을 잡으면서 심술을 부렸다.

 1. 문장을 읽고 (   ) 안에 알맞은 말을 쓰세요.

① 요즘 동생이 사사건건 (   )을 잡는다.

② (   ) 부리지마. 넌 이제 어린아이가 아니야.

③ 내 짝꿍은 내가 마음에 안 드는지 요즘 자꾸만 (   )을 잡는다.

④ 넌 괜히 나한테 (   )이더라.

 2. 다음 중 어색한 문장을 고르세요. (   )

① 미영이는 별 것도 아닌 일로 트집을 잡는다.

② 나는 다른 사람에게 트집 잡히는 게 좋다.

③ 공부하기 싫어서 괜한 트집이다.

④ 엉뚱한 트집 때문에 힘이 든다.

문장의 짜임

노란
민들레가
예쁘게
피었다

어떠한 + ~이/가 + 어떻게 ~ + 어찌하다.

* '노란'은 '민들레'를, '예쁘게'는 '피었다'를 꾸며 줌
(한 문장 안에 꾸며 주는 말이 2개 이상 나올 수 있음)

 1. '사물의 이름'이나 '움직임'을 나타내는 말 앞에는 꾸며 주는 말을 쓸 수 있습니다.

보기

사자가 초원을 달린다.

→ 사자가 <u>넓은</u> 초원을 달린다.

→ <u>용감한</u> 사자가 초원을 <u>거침없이</u> 달린다.

 2. <보기>에서 (   )에 들어갈 알맞은 꾸며주는 말을 골라 쓰세요.

보기   재미있는   열심히   배고픈   맛있게

● 친구들이 점심을 먹는다.

⇨ (   ) 친구들이 점심을 먹는다.

⇨ (   ) 친구들이 점심을 (   ) 먹는다.

모범 문장 쓱✓읽기  ⑩ 옛이야기

춤추는 생쥐

부자의 집은 대궐같이 으리으리하고, 곳간에는 쌀이 가득했지요.

곳간에 먹을 것이 많다 보니 생쥐도 바글거렸어요.

생쥐들은 곡식도 야금야금 먹어 치우고, 돗자리며 가마니도

닥치는 대로 갉아 댔어요. 화가 난 하인들은 쥐덫을 놓기로 했지요.

국어 2학년 '장면을 떠올리며'

 1. 다음 글을 읽고 <보기>의 단어를 사용한 문장을 윗글에서 찾아 쓰세요.

보기   야금야금   바글거렸어요   으리으리하고

① 부자의 집은 대궐같이 <u>으리으리하고,</u>

② _____

③ _____

 스스로
평가

2주 정리학습

 1. 다음 문장을 읽고 어색한 부분을 바르게 고쳐 쓰세요.

① 아저씨는 돌아다니던 닭들을 <u>가두었더니</u> 집으로 돌아갔다.

 _____

② 아이들이 <u>크게</u> 소리로 노래를 부른다.

 _____

 2. <보기>에서 빈칸에 알맞은 꾸며 주는 말을 골라 쓰세요.

> **보기**   조그마한 기쁜 화난 크게 아름답게 급하게

① 할머니께서 정원을 가꾸신다.

⇨ 할머니께서 (   ) 정원을 가꾸신다.

⇨ 할머니께서 (   ) 정원을 (   ) 가꾸신다.

② 사람들이 고함을 지른다.

⇨ (   ) 사람들이 고함을 지른다.

⇨ (   ) 사람들이 (   ) 고함을 지른다.

횟수	공부한 날	내 용
11일	( )월( )일	가슴이 설레다 새가 날아가다 문장의 짜임 - ~이/가 + 소리나 모양을 흉내 내는 말 + 어떠하다(어찌하다). 모범 문장 읽기 ⑪ 노래
12일	( )월( )일	내 친구는 짓궂다 편지를 부치다 문장의 짜임 - '그리고' 로 이어진 문장 모범 문장 읽기 ⑫ 생활글
13일	( )월( )일	꽃이 눈에 띄다 미소를 띠다 문장의 짜임 - 원인 + 그래서 + 결과 모범 문장 읽기 ⑬ 동화
14일	( )월( )일	혼나는 동생이 가엾다 친구를 마중하다 문장의 짜임 - '그러나'로 이어진 문장 모범 문장 읽기 ⑭ 설명하는 글
15일	( )월( )일	할머니를 배웅하다 사촌 언니는 상냥하다 문장의 짜임 - 과거의 일을 나타내는 문장 모범 문장 읽기 ⑮ 설명하는 글

3주 정리학습

가슴이 설레다

마음이 들떠서 두근거리다.

내일 여행을 간다는 생각에 마음이 설렌다.

🐻 1. 다음 빈칸에 들어갈 알맞은 말을 골라 번호를 쓰세요.

① 소풍 전날에는 (   ) 잠이 잘 안 온다. (   )

> 보기   ① 설렜는데   ② 설레서   ③ 설레니   ④ 설렜다

② 내일 친구와 놀 생각을 하니 마음이 (   ). (   )

> 보기   ① 설렜다   ② 설레자   ③ 설레고   ④ 설레니

🐻 2. 생일 파티 날 마음을 표현한 글입니다. 빈칸에 알맞은 말을 쓰세요.

내 생일이라 친구들을 초대했다. 친구들과 생일 파티를

즐기는 동안 마음이 두근두근

새가
날아가다

① 공중으로 날면서 가다.
② 가지고 있거나 붙어 있던 것이 없어지거나 떨어지다.

바람에 나뭇잎이 날아갔다.
남쪽으로 날아갔던 새들이 봄이 되자 돌아왔다.

 1. 다음 중 '날아가다'의 뜻이 다르게 쓰인 문장을 고르세요. (   )

① 바람에 꽃잎이 <u>날아갔다</u>.

② <u>날아가던</u> 나뭇잎이 내 머리 위에 내려 앉았다.

③ 철새들이 겨울이 되자 따뜻한 남쪽으로 <u>날아갔다</u>.

④ 늦잠을 자는 바람에 맨 앞에 앉을 기회가 <u>날아가</u> 버렸다.

 2. <보기>에 있는 단어를 사용하여 그림을 설명하는 문장을 쓰세요.

> 보기   세찬 날아갔다 모자가 바람에 훨훨 새가 날아간다

①

②

문장의 짜임

별이
반짝반짝
빛난다

~이/가 + 소리나 모양을 흉내 내는 말 + 어떠하다(어찌하다).

* 모양을 흉내 내는 말인 '반짝반짝'이 '빛난다'를
  꾸며 주고 있음

1. '모양을 흉내 내는 말'(의태어)과 '소리를 흉내 내는 말'(의성어)은
뒤에 오는 말을 꾸며 줍니다. 다음 <보기>에서 빈칸에 들어갈
알맞은 말을 찾아 쓰세요.

보기   철썩철썩   콩닥콩닥   뿅뿅   살랑살랑   쿨쿨

예   고양이가 공을 <u>데굴데굴</u> 굴리며 놀고 있다.

① 가슴이   뛰었다.

② 방귀쟁이 며느리는   방귀를 뀌며 달려갔다.

1. <보기>의 흉내 내는 말을 넣어서 문장을 다시 쓰세요.

보기   꿈틀꿈틀   꿀꺽꿀꺽   줄줄   알록달록

① 애벌레가 기어간다.

⇒

② 나뭇잎이 물들었다.

⇒

모범 문장 ✓ 쓱 읽기 ⑪ 노래

올챙이와 개구리

개울가에 올챙이 한 마리 꼬물꼬물 헤엄치다

뒷다리가 쑤욱 앞다리가 쑤욱 팔딱팔딱 개구리 됐네

꼬물꼬물 꼬물꼬물 꼬물꼬물 올챙이가

뒷다리가 쑤욱 앞다리가 쑤욱 팔딱팔딱 개구리 됐네

국어 2학년 '일이 일어난 차례를 살펴요'

 1. <올챙이와 개구리>의 노랫말을 읽고 개구리 알이 개구리가 되기까지의 과정에 맞게 빈칸에 들어갈 문장을 쓰세요.

① 개구리가 알을 낳았어요.

②
_____

③ 올챙이가 점점 자라서 뒷다리가 쑥 나왔어요.

④
_____

⑤ 꼬리가 없어지고 팔딱팔딱 뛰어다니는 개구리가 되었어요.

스스로 평가

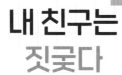

내 친구는
짓궂다

장난스럽게 남을 괴롭히고 귀찮게 하다.

영찬이는 짓궂은 장난을 많이 한다.

1. 다음 (   )에 들어갈 알맞은 말을 골라 번호를 쓰세요.

① 상대방에게 (   ) 질문을 하면 예의에 어긋날 수 있다. (   )

　① 짓궂어서　　② 짓궂은　　③ 짓궂으니　　④ 짓궂고

② 진호는 너무 (   ) 친구들이 좋아하지 않는다. (   )

　① 짓궂고　　② 짓궂어서　　③ 짓궂다　　④ 짓궂지

2. <보기>의 단어들을 사용하여 문장을 쓰세요. (2문장)

> **보기**　오빠는　　진수는　　짓궂은　　짓궂게
> 　　　　장난을　　나에게　　군다　　친다

①

②

① 편지나 물건을 보내다.
② (부채 같은 것으로) 흔들어서 바람을 일으키다.
③ 모자라거나 버티지 못하다.

편지를
부치다

미국에 살고 있는 친구에게 편지를 부쳤다.
선풍기, 에어컨이 없었을 때는 부채를 부치며
더위를 식혔다고 한다.
그 일은 힘에 부친다.

1. 다음 단어의 뜻에 맞게 <보기>의 단어를 사용하여 문장을 쓰세요.

① 편지나 물건을 보내다.

| 부쳤다 | 고모께 | 계신 | 미국에 | 편지를 |

⇨
_____

② (부채 같은 것으로) 흔들어서 바람을 일으키다.

| 나서 | 부쳤다 | 땀이 | 부채를 |

⇨
_____

③ 모자라거나 버티지 못하다.

| 짐을 | 무거운 | 부친다 | 옮기기엔 | 힘이 |

⇨
_____

문장의 짜임

나는 빵을
좋아한다
그리고 치킨도
좋아한다

'그리고'로 이어진 문장

*서로 비슷한 내용을 이어 줄 때 문장과 문장 사이에 '그리고'를 씀

2. <보기>의 문장에 이어질 내용으로 알맞지 <u>않은</u> 것을 고르세요. (　　)

보기　나는 엄마랑 서점에 갔다. 그리고 ~

① 보고 싶은 책을 2권 샀다.

② 도서관에도 갔다.

③ 책은 사지 않았다.

④ 집에 돌아오는 길에 시장에도 들렀다.

2. 다음 문장에 이어질 말을 <보기>에서 골라 쓰세요.

보기
① ~ 그리고 거기서 친구도 만났다.
② ~ 그리고 책상 정리도 했다.

① 내 방 청소를 했다.

② 공원에 자전거를 타러 갔다.

모범 문장 쓱✓ 읽기

⑫ 생활글

 1. 다음 글을 읽고 <보기>의 단어를 활용하여 밑줄 친 곳에 들어갈 문장을 쓰세요.

재동이는 정말 신기했어요. 한참 만에 두부가 만들어졌어요. 재동이는 두부를 안 좋아하는데, 금방 만든 따끈따끈한 두부를 양념장에 찍어 먹으니까 정말 맛있었어요.

"와, _____ "

모두 맛있게 먹자 엄마가 뿌듯한 얼굴로 말했어요. "아이고, 내 정신 좀 봐라. 감쪽같다니까 생각나네." 할머니는 아직도 뭐가 잔뜩 든 보퉁이에서 부스럭거리며 곶감을 꺼내 놓았어요. 할머니의 보퉁이는 요술 보퉁이처럼 온갖게 다 나왔어요.

국어 2학년 '바르게 말해요.'
<불뚱 할머니의 요술 보퉁이> 중에서

 감쪽같다 꾸미거나 고친 것이 전혀 알아챌 수 없을 정도로 티가 나지 않는다는 뜻

보기 사라졌네 두부 감쪽같이 한 접시가

 _____

스스로
평가

꽃이 눈에 띄다

'뜨이다'의 줄임말
눈에 보이다.

눈에 띄다.

 1. 문장의 흐름에 맞게 알맞은 낱말을 골라 동그라미 하세요.

① 우연히 동생의 일기장을 보게 되었다. 그런데 띄어쓰기가 많이 틀려서

눈에 (띠었구나 / 띄었다).

② 글을 쓸 때는 (띄어 / 띠어) 쓰기를 잘 해야 한다.

 2. 다음 문장의 밑줄친 부분을 완성하세요.

① 배고픈 호랑이가 길을 가는데 <u>토끼가 눈에 (   )</u>.

② 서점에 갔더니 <u>내가 좋아하는 책이 눈에 (   )</u>.

미소를 띠다

① 빛깔이나 색채를 가지다.
② 감정이나 기운을 나타내다.

붉은빛을 띤 장미가 아름답다.
얼굴에 행복한 웃음을 띠다.

 1. '띠다'의 뜻을 생각하며 다음 문장을 읽어 보세요.

- 아빠가 얼굴에 미소를 <u>띠고</u> 나를 바라보셨다.

- 동생이 얼굴에 초조한 빛을 <u>띠고</u> 있었다.

- 어제 산 사과는 붉은 빛을 <u>띠었다</u>.

2. '띠다'의 뜻에 맞게 쓰인 문장에 줄을 그으세요.

① 빛깔이나 색채를 가지다. ●   ● 엄마가 얼굴에 화난 빛을 <u>띠고</u> 계셨다.

② 감정이나 기운을 나타내다. ●   ● 하늘이 푸른 빛을 <u>띠고</u> 있다.

문장의 짜임

늦잠을 잤다
그래서
지각을 했다

원인 + 그래서 + 결과

* 앞의 내용이 뒤의 내용의 원인이나 조건이 될 때 씀

1. <보기> 예문처럼 원인과 결과를 나타내는 문장이 <u>아닌</u> 것을
고르세요. (   )

보기
<u>뛰다가 돌부리에 걸려 넘어졌다.</u> 그래서 <u>무릎을 다쳤다.</u>
　　　원인(이유)　　　　　　　　　　결과

① 늦잠을 잤다. 그러나 지각을 하지 않았다.

② 우산을 잃어버렸다. 그래서 비를 맞으며 집으로 돌아왔다.

③ 친구와 작은 일로 다투었다. 그래서 기분이 좋지 않다.

2. 빈칸에 들어갈 알맞은 문장을 골라 줄을 그으세요.

① 떡볶이가 너무 매웠다. 그래서 _____ ●

● 아이스크림을 3개나 먹었다.

② _____ 그래서 배탈이 났다. ●

● 눈물이 났다.

③ 늦게까지 책을 보았다. 그래서 _____ ●

● 늦잠을 잤다.

 ⑬ 동화

 1. 다음 글을 읽고 글에 나타난 감각적 표현을 찾아 문장을 완성하세요.

"야아아아아아옹!"
난 깜짝 놀라 튀어 올랐어.
웬일인지 잘 날 수가 없었어.
숨이 가쁘고 목이 말랐어.
쿵쾅쿵쾅 심장이 뛰더니 점점 작아져서 좁쌀만 하게 되는 것 같았어.
더 숨이 가빠 왔어.
나는 날개를 젓고 또 저었어.
겨우 날아오른 곳은 어느 빨간 지붕 위였지.
아침 해가 뜨고 있었어.
"뿌우우우웅."
친구들은 여전히 큰 배 주위에 몰려 있었어.

국어 3학년 '재미가 톡톡톡'

참고	감각적 표현	– 대상을 직접 보거나 듣는 것처럼 생생하게 표현한 것
		<보기> 톡톡 바스락, 또로록 마당 가득 실로폰 소리가 난다.

① "야아아아아아옹"

② 쿵쾅 쿵쾅 심장이 뛰더니

  스스로
평가

혼나는 동생이 가엾다

마음이 아플 만큼 불쌍하다.

가엾은/가여운 콩쥐는 잔치에 가지 못하고 일을 해야 했다.

 1. 밑줄 친 단어 중 문장의 흐름에 맞게 쓴 단어에 동그라미 하세요.

 "새엄마에게 구박받는 콩쥐가 <u>가엾다.</u>"

 "콩쥐를 구박하는 팥쥐랑 팥쥐 엄마는 <u>가엾어.</u> 그치?"

 2. <보기>에서 알맞은 단어를 골라 문장을 완성하세요.

보기 가여워   가엽고   가여운   가엽다

① 부모님을 잃은 (   ) 아이를 보았다.

② 친구가 아파서 병문안을 갔다. 친구는 얼굴이 해쓱해서 (   ) 보였다.

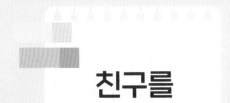

친구를 마중하다

오는 사람을 나가서 맞이함

할머니가 오신다고 해서 집 앞으로 마중을 나갔다.

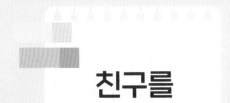 1. 다음 (　　　) 안에 알맞은 말을 쓰세요.

① 우리 집 강아지는 내가 학교를 다녀오면 집 앞으로 (　　　　)을 나온다.

② 엄마는 할머니를 (　　　　)하러 터미널에 가셨다.

③ 오랜만에 집에 놀러 온 친척들을 (　　　　) 나갔다.

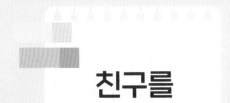 2. '마중'을 넣어 다음 내용에 이어질 문장을 쓰세요.

오늘은 출장 가셨던 아빠가 1주일 만에 돌아오시는 날이다.

기차를 타고 저녁 7시쯤 도착하신다고 하셨다. 동생과 나는 엄마를

따라 기차역으로 (　　　　　　　　　　　)

문장의 짜임

**비를 맞았다
그러나
감기에 걸리지
않았다**

'그러나'로 이어진 문장

* '그러나'는 앞의 내용과 반대되는 내용이
이어질 때 쓰는 말임

 1. <보기>처럼 '그러나'를 사용하여 두 문장을 이어 쓰세요.

> 나는 피자가 너무 먹고 싶었다. 살이 찔까 봐 참았다.
> ⇨ 나는 피자가 너무 먹고 싶었다. 그러나 살이 찔까 봐 참았다.

① 나는 축구를 하고 싶었다. 친구들은 야구를 하고 싶어 했다.

⇨ _____

 2. <보기>에서 다음 문장의 뒤에 이어질 문장을 골라 쓰세요.

> ① 그러나 1등을 하지는 못했다.
> ② 그러나 1등을 했다.

① 달리기 시합을 할 때 열심히 달렸다.

⇨ _____

 **모범 문장** ✔ **읽기** ⑭ 설명하는 글

 1. 다음 글을 읽고 중심 문장과 뒷받침 문장을 찾아 쓰세요.

 참고   중심 문장   내용을 대표하는 문장
뒷받침 문장   중심문장을 덧붙여 설명하거나 예를 드는 방법들로 도와주는 문장

불은 원시인의 삶을 크게 바꾸어 놓았습니다. 원시인들은 불을 피워 추위를 이겨 냈습니다. 불을 피워 사나운 동물의 공격도 피할 수 있었습니다. 원시인들은 불로 음식을 익혀 먹기도 했습니다.

국어 3학년 '문단의 짜임'

● 중심 문장

_____

● 뒷받침 문장

① 원시인들은 불을 피워 추위를 이겨냈습니다.

② 불을 피워 사나운 동물들의 공격도 피할 수 있었습니다.

③

_____

 스스로 평가  ☆ ☆ ☆ ☆ ☆

할머니를
배웅하다

떠나가는 사람을 일정한 곳까지 따라가 보내고 오는 일

외국으로 가는 삼촌을 공항까지 배웅하고 왔다.

 1. <보기>에서 빈칸에 들어갈 단어를 골라 문장을 완성하세요.

보기   마중   배웅

① 공항에 가면 가족들을 마중 나오거나 (   )하는 사람들이 많다.

 2. 다음 (   ) 안에 알맞은 단어를 써 문장을 완성하세요.

토끼의 생일 파티 날이에요. 친구들이 곧 올 거예요.

토끼는 설레는 마음으로 친구들을 마중하러 밖으로 나갔어요.

파티가 끝난 후 아쉬운 토끼는 문 밖까지 나가 친구들을 (   ).

사촌 언니는
상냥하다

성격이 싹싹하고 부드럽다.

···

우리 선생님은 항상 상냥하시다.

 1. 다음 중 '상냥하다'의 쓰임이 어색한 문장을 고르세요. (   )

① <u>상냥한</u> 사람을 만나면 기분이 좋아진다.

② 우리 집 앞 과일 가게 아주머니는 <u>상냥하시다</u>.

③ 친구들에게 <u>상냥하게</u> 말해라.

④ 친구는 말투가 <u>상냥해서</u> 불친절하게 느껴진다.

 2. <보기>의 단어들을 사용하여 문장을 쓰세요.

 보기
선생님은   말씀하신다   목소리로   상냥한
상냥하다   새로   친구는   전학 온

①

②

문장의 짜임

어제
넘어져서
무릎을
다쳤다

과거의 일을 나타내는 문장

· ·

* 과거를 뜻하는 '어제'가 나오면 '다치다'가 아닌
'다쳤다'로 써야 함

 1. 다음은 과거(지나간 일)를 나타내는 문장입니다. <보기>처럼
문장의 흐름을 자연스럽게 고치세요.

> [보기]   어제 형의 졸업식이 끝나고 외식을 한다.
>   ⇨ 어제 형의 졸업식이 끝나고 외식을 했다.

① <u>작년 여름에</u> 우리 가족은 동해 바다로 휴가를 <u>다녀온다.</u>

_____

② 나는 <u>7살 때</u> 한글을 잘 <u>모를 것이다.</u>

_____

③ <u>어릴 때</u> 자전거를 타다 넘어져서 크게 <u>다친다.</u>

_____

모범 문장  읽기

⑮ 설명하는 글

 1. <보기>를 활용해서 다음 글의 밑줄 친 부분에 들어갈 뒷받침 문장을 쓰세요.

보기   바다에서 얻는 것   물고기

우리는 바다에서 많은 것을 얻습니다. 바닷물로 소금을 만들 수 있습니다.
바다에서 석유도 얻을 수 있습니다.

_____

국어 3학년 '문단의 짜임'

 2. 윗글에 나온 것 외에 바다에서 얻을 수 있는 것을 한 가지 쓰세요.

_____

스스로
평가

3주 정리학습

 1. 빈칸에 들어갈 알맞은 말에 동그라미 하세요.

① 줄넘기 연습을 열심히 했다. (그러나 / 그래서)
아직도 잘 하지 못한다.

② 어제 아빠랑 공원에서 축구를 했다. (그러나 / 그리고)
자전거도 같이 탔다.

③ 내가 친구의 지우개를 잃어버렸다. (그래서 / 그리고)
친구가 화를 냈다.

 2. <보기>에서 단어를 골라 문장을 완성하세요.

> **보기**   마중하러   띄어   가여웠다   부쳤다

① 할머니의 생신 선물을 택배로 (   ).

② 내 짝이 떠들다가 선생님 눈에 (   ) 발표를 하게 되었다.

③ 추위에 떨고 있는 아이가 (   ).

④ 아빠를 (   ) 공항에 나갔다.

스스로 평가

4주차
주간학습 계획

4주 정리학습

횟수	공부한 날	내용
16일	( )월( )일	나의 짐작이 틀리다 주변을 살피다 문장의 짜임 – 현재의 일을 나타내는 문장 모범 문장 읽기 ⑯ 편지글
17일	( )월( )일	친구를 오랜만에 만나다 내 그림 실력이 더 낫다 문장의 짜임 – 미래의 일을 나타내는 문장 모범 문장 읽기 ⑰ 편지글
18일	( )월( )일	반드시 우승을 해야 한다 모자를 반듯이 고쳐 쓰다 문장의 짜임 – 만약 + ~라면(~하면) + ~할 것이다.(할텐데) 모범 문장 읽기 ⑱ 옛이야기
19일	( )월( )일	토끼를 산 채로 잡다 잘난 체를 하는 언니가 밉다 문장의 짜임 – 결코 + 아니하다/없다. 모범 문장 읽기 ⑲ 동화
20일	( )월( )일	성격이 두루뭉술하다 내가 우승을 하다니 얼떨떨하다 문장의 짜임 – ~께서 + 높임표현 모범 문장 읽기 ⑳ 설명하는 글

 4주 정리학습

나의 **짐작**이 틀리다

사정이나 형편 따위를 어림잡아 헤아림

나의 짐작대로 친구는 학원에 오지 않았다.
무슨 일인지 짐작이 가다.

 1. 다음 문장을 읽고 빈칸에 알맞은 말을 쓰세요.

① 내 (   )이 맞다면 오늘 급식 반찬은 소시지다.

② 할머니 (   )대로 오후에 비가 내렸다.

③ 친구가 나를 속일 줄은 (   ) 조차 못 했다.

 2. '짐작'을 넣어 두 사람이 나눈 대화를 완성하세요.

 미영아, 준호는 깜빡깜빡 잊기를 잘하잖아. 그러니까
내 (   )에 어제 빌려간 네 책을 안 가져올 것 같아.

 네 (   )이 맞았어. 준호가 깜빡해서 책을 못 가져왔대.

 거 봐. 내 (   )이 맞았지?

주변을
살피다

① 두루두루 주의하여 자세히 보다.
② 형편이나 사정을 자세히 알아보다.

집 안을 살피다.
사람들 마음을 살피다.

 1. <보기>에서 알맞은 단어를 골라 문장을 완성하세요.

 보기 살피고 살펴야 살피는 살폈니 살핀다

① 미영이는 친구들의 마음을 잘 ⬜⬜⬜⬜⬜ 친구다.

② 횡단보도를 건널 때는 주위를 잘 ⬜⬜⬜⬜⬜ 한다.

③ 경찰 아저씨가 밤마다 순찰차를 타고 동네를 구석구석 ⬜⬜⬜⬜⬜ .

문장의 짜임

아이들은
지금
자전거를
탄다

현재의 일을 나타내는 문장

* 현재를 뜻하는 '지금'이라는 표현이 나오면 '타다'가
아니라 '탄다' 또는 '타고 있다'로 써야 함

 1. <보기>처럼 (　　)에서 현재를 나타내는 단어를 골라서 문장을
다시 쓰세요.

보기
● 나는 방학 때마다 피아노를 (배웠다 / 배운다).
 나는 방학 때마다 피아노를 배운다.

① 선생님은 지금 시험지 채점을 하고 (계셨다 / 계신다).

 _____

② 사자는 암컷이 사냥을 하고 수컷이 새끼를 (돌봤다 / 돌본다).

 _____

 2. 문장을 읽고 어색한 부분을 바르게 고쳐 쓰세요.

① 지석이는 지금 책을 보고 있었다.

 _____

⑯ 편지글

 1. 다음 편지글을 읽고 리디아의 기쁜 마음이 나타난 문장을 찾아 쓰세요.

엄마, 아빠, 할머니께

가슴이 너무 쿵쿵거려서 아래층 손님들한테까지 제 심장 뛰는 소리가 들릴 것만 같아요. 오늘 점심 때 외삼촌이 가게 문에 '휴업'이라는 팻말을 걸고는 에드 아저씨와 엠마 아줌마와 저에게 위층으로 올라가서 기다리라고 하셨어요. 외삼촌은 제가 지금까지 한 번도 보지 못한 굉장한 케이크를 들고 나타나셨어요.

그리고......그리고 외삼촌이 주머니에서 편지를 꺼내셨어요. 아빠가 취직을 하셨다는 소식이 담긴 편지였어요. 저 이제 집으로 돌아가요.

1936년 7월11일
사랑을 담아 리디아 올림

국어 3학년 '내 마음을 편지에 담아'

 스스로
평가

친구를 **오랜만**에 만나다

'오래간만'의 줄임말
어떤 일이 있은 때로부터 긴 시간이 지난 뒤
'오랫만'은 틀린 표현입니다.

오랜만에 운동했더니 온몸이 아프다.

---

1. <보기>처럼 다음 빈칸에 알맞은 말을 쓰세요.

| 보기 | 오 | 랜 | 만 | 에 친척들과 함께 밥을 먹었다. |

① 어렸을 때 친구와 [ ][ ][ ] 에 만나니 너무 반갑다.

② 진호야, [ ][ ][ ] 이야.

---

2. '오랜만'은 문장의 처음, 중간, 끝에 자유롭게 넣어 쓸 수 있어요.
   '오랜만'의 위치를 바꾸어 문장을 쓰세요.

① <u>오랜만</u>에 할머니 댁에 가서 정말 기뻤다.

➡ _____

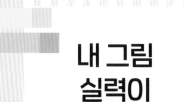

내 그림 실력이 더 낫다

① 병이 고쳐져 본래대로 되다.
② 더 좋거나 앞서 있다.

감기가 낫다.
혼자 하는 것보다 같이 하는 게 낫다.

 1. 다음 중 '낫다'의 뜻이 다르게 쓰인 문장을 고르세요. (　　　　)

① 누가 더 축구 실력이 <u>나은지</u> 시합해 보자.

② 둘 중 누가 더 <u>낫다고</u> 말할 수 없다.

③ 엄마가 해 준 음식을 먹고 감기가 단숨에 <u>나았다.</u>

④ 명준이의 자전거보다 내 자전거가 더 <u>낫다.</u>

 2. '낫다'의 뜻에 맞는 문장을 <보기>에서 골라 쓰세요.

 보기
① 동생이 손을 다쳤는데 다 나았다.
② 친구의 그림 솜씨가 나보다 낫다.

① 뜻 : 더 좋거나 앞서 있다.
➡

② 뜻 : 병이 고쳐져 본래대로 되다.
➡

문장의 짜임

나는 의사가
될 것이다
(되겠다)

미래의 일을 나타내는 문장

* 미래의 일을 표현할 때는 '~ 할 것이다' 또는
  '~ 겠다'로 씀

 1. <보기>처럼 문장이 미래를 나타내도록 '~할 것이다', '~ 겠다'를
사용하여 고쳐 쓰세요.

보기

● 지수는 내년부터 수영을 배웠다.
⇨ 지수는 내년부터 수영을 <u>배울 것이다.</u>

● 3학년이 되면 내 일은 내 스스로 한다.
⇨ 3학년이 되면 내 일은 내 스스로 <u>하겠다.</u>

① 나는 앞으로 부모님 말씀을 잘 <u>듣는다.</u>
⇨
_____

② 지연이는 내일 일찍 <u>일어난다.</u>
⇨
_____

③ 내일부터 아침에 일어나면 책을 <u>읽는다.</u>
⇨
_____

모범 문장 쓱 읽기 ⑰ 편지글

 1. 다음 편지글을 읽고 물음에 답하세요.

민지에게

민지야, 안녕? 나는 나은이야.

너, 나라 사랑 그리기 대회에서 금상을 받았다며? 축하해.

앞으로 더 노력해서 화가가 되고 싶다는 네 꿈을 꼭 이루길 바랄게.

그럼 안녕.

20○○년 4월 19일
네 단짝 나은이가

국어 3학년 '내 마음을 편지에 담아'

① 편지글을 통해 나은이가 전하고 싶은 마음은 무엇인지 쓰세요.

_____

② 나은이가 민지에게 편지를 쓴 이유를 찾아서 쓰세요.

_____

 스스로 평가

반드시 우승을 해야 한다

틀림없이 꼭

다음에는 반드시 시간에 맞게 와 주세요.

1. 빈칸에 공통으로 들어갈 알맞은 말을 고르세요. (   )

> 보기   ① 반듯하게   ② 반드시   ③ 나중에   ④ 반듯하여

① 이 약은 (   ) 식후에 먹어야 한다.

② 부자라고 해서 (   ) 행복한 것은 아니다.

2. <보기>와 같이 어색한 문장을 바르게 고쳐 쓰세요.

> 보기   ● 너는 반드시 엄마를 도와드린다.
> ⇨ 너는 반드시 엄마를 도와드려야 한다.

① 우승을 하려면 반드시 장애물을 뛰어넘었다.

⇨ _____

② 내일 시험을 잘 보려면 반드시 공부했다.

⇨ _____

모자를 반듯이 고쳐 쓰다

작은 물체 또는 생각이나 행동이 비뚤어지거나 기울지 않고 바르게

책상에서 공부할 때는 반듯이 앉아야 한다.

4주 3일

 1. 다음 중 '반듯이'의 쓰임이 어색한 문장을 고르세요. (   )

① 동생은 비뚤어진 글씨를 <u>반듯이</u> 고쳐 썼다.

② 준구는 책을 <u>반듯이</u> 내려놓았다.

③ <u>반듯이</u> 시간에 맞추어 출발해야 한다.

④ 친구들은 줄을 따라 <u>반듯이</u> 걸었다.

 2. <보기>의 단어를 활용하여 문장을 쓰세요.

> 보기   경찰관은   고쳐   모자를   썼다   반듯이

①
_____

> 보기   반듯이   책을   자세로   읽어라   앉은

②
_____

우리말바로쓰기 문해쑥쑥   89

문장의 짜임

만약 눈이 온다면 눈사람을 만들 것이다

만약 + ~라면(하면) + ~ 할 것이다/할 텐데.

* '만약'은 뒤에 미래, 추측을 나타내는 말
'~할 것이다, ~할 텐데' 등의 말과 함께 씀.

---

1. 다음 중 흐름이 어색한 문장을 고르세요. (　　　　)

① 내가 만약 어른이라면 혼자 여행을 갈 것이다.

② 만약 내일 비가 온다면 너무 속상했다.

③ 만약 주말에 할머니께서 오신다면 정말 좋을 텐데.

④ 만약 내게 기회가 주어진다면 더 열심히 하겠다.

2. 서로 어울리는 문장에 줄을 그으세요.

만약 내가 물고기라면　●　　　　●　두꺼운 코트를 입을 것이다.

만약 내게 예쁜 꽃이 있다면　●　　　　●　바닷속을 마음껏 볼 텐데.

만약 내일 날씨가 춥다면　●　　　　●　엄마께 드릴 텐데.

만약 날개가 생긴다면　●　　　　●　하늘을 날아다닐 텐데.

모범 문장 ✔ 읽기

⑱ 옛이야기

 다음 글을 읽고 하인과 오성의 의견을 찾아 쓰세요.

오성의 집 마당에 있는 큰 감나무 가지가 권 판서 댁까지 뻗어 있었습니다.
오성이 담 너머에 있는 감을 따려고 했습니다. 그러자 옆집 하인이
"우리 집 감을 왜 허락도 없이 따려고 하시오?" 하고 말했습니다.
"무슨 말인가? 우리 감나무에 달린 감이야."
"도련님 댁 감이라고요? 그건 우리 감이에요.
보시다시피 우리 집으로 가지가 넘어왔잖아요."
옆집 하인이 그쪽으로 넘어간 감나무 가지를 자기네 것이라고 우기며 감을 따지 못하
게 했습니다.
"그런 경우가 어디 있나? 그 감은 우리 것이네. 아무리 담 너머로 가지가 넘어갔어도
감나무는 우리 집에서 심고 가꾸었기 때문이야."
오성은 어이없다는 듯이 옆집 하인에게 말했습니다.

국어 3학년 '의견이 있어요'

① 하인 : 그건 우리 감이에요. 보시다시피

 _____

② 오성 : 그 감은 우리 것이네.

 _____

 스스로
평가

토끼를
산 채로 잡다

'채'는 이미 있는 상태 그대로 있다는 뜻

어깨에 기댄 채로 잠이 들었다.

 1. 다음 문장을 읽고 알맞은 말에 동그라미 하세요.

① 나는 옷을 입은 (채 / 체)로 물에 들어가서 수영을 했다.

② 그는 벽에 기대앉은 (체 / 채) 잠이 들었다.

③ 사냥꾼이 토끼를 산 (채 / 체)로 잡았다.

 2. 문장을 읽고 잘못된 부분을 바르게 고쳐 쓰세요.

① 가방을 든 체 친구를 기다리고 있었다.

 _____

② 화가 나서 친구를 남겨 둔 체 돌아왔다.

 _____

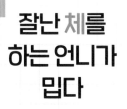

잘난 체를 하는 언니가 밉다

'체'는 그럴 듯하게 꾸미는 거짓된 태도나 모양

동생이 학원에 가기 싫어서 아픈 체 했다.

 1. 다음 문장을 읽고 알맞은 말에 동그라미 하세요.

① 엄마는 내 말을 들은 (채 / 체)도 하지 않는다.

② 친구가 나를 모르는 (체 / 채)해서 서운했다.

③ 우리 반 반장은 수업 시간에 너무 아는 (채 / 체)한다.

 2. <보기>에서 빈칸에 알맞은 표현을 골라 문장을 완성하세요.

보기 잘난 체   못 들은 체   화난 체   모르는 체

① 엄마가 하는 잔소리를 (   ) 했다.

② 답을 알면서도 (   ) 시치미 떼는 친구가 얄밉다.

③ (   )하는 친구는 인기가 없다.

문장의 짜임

그것은 결코 우연이 아니다

결코 + 아니하다/없다.

'결코' 뒤에는 부정을 뜻하는 '아니다', '없다', 등의 말이 옴

---

1. 다음 중 흐름이 어색한 문장을 고르세요. (   )

① 우리는 결코 지지 않을 거야.

② 나는 결코 거짓말을 해 본 적이 없어.

③ 너에 대한 내 마음은 결코 변할 거야.

④ 우리는 결코 물러서지 않을 거야.

---

 2. 문장을 읽고 잘못된 부분을 바르게 고쳐 쓰세요.

① 나의 생각과 그의 생각은 <u>결코</u> 같아질 수 <u>있다</u>.

 _____

_____

② 지연이는 <u>결코</u> 나쁜 <u>아이다</u>.

 _____

_____

 ⑲ 동화

모범 문장 쓱 읽기

 1. 다음 글을 읽고 자 부인과 가위 색시가 서로 자기가 중요하다고 말하는 이유를 찾아 쓰세요.

하루는 아씨가 낮잠이 들었습니다. 그때 자 부인이 큰 키를 뽐내며 말했습니다.

"아씨가 바느질을 잘 해내는 것은 다 내 덕이라고. 옷감의 넓고 좁음, 길고 짧음은 내가 아니면 알 수 없어. 그러니까 우리 중에서 가장 중요한 것은 바로 나라고!"

그 말을 듣고 가위 색시가 입을 삐죽이며 따지듯이 말했습니다.

"아니, 내 덕은 몰라라 하고 형님 자랑만 하는군요. 옷감을 잘 재어 본들 자르지 않으면 무슨 소용이 있나요? 내가 나서서 옷감을 잘라야 일이 된다고요."

국어 3학년 '의견이 있어요'
<아씨방 일곱 동무> 중에서

① 자 부인

② 가위 색시

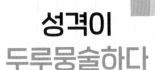

성격이
두루뭉술하다

① 모나거나 튀지 않고 동그스름하다.
② 말이나 행동이 분명하지 않다.

말이 두루뭉술하여 의미가 분명하지 않다.
우리 엄마는 급한데 우리 아빠는 항상 느긋하고 두루뭉술하다.

 1. 다음 중 '두루뭉술하다'의 의미가 다르게 쓰인 문장을 고르세요. (   )

① 내 친구는 살이 쪄서 얼굴이 <u>두루뭉술</u>하다.

② 집에 오다가 <u>두루뭉술한</u> 돌멩이를 주웠다.

③ 추워서 옷을 잔뜩 입었더니 몸이 <u>두루뭉술해</u> 보인다.

④ <u>두루뭉술하게</u> 말하지 말고 분명히 말하렴.

 2. 두 사람의 대화를 읽고 빈칸에 알맞은 문장을 <보기>에서 찾아 쓰세요.

| 보기 | ① 너무 두루뭉술해 |
| | ② 너무 커 |

민수 : 선호야, 너는 얼굴이 작고 달걀형이구나.

　　　 부러워. 내 얼굴은 (　　　　　　).

선호 : 괜찮아. 동글동글하니 귀여워.

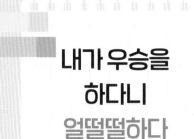

**내가 우승을
하다니**
얼떨떨하다

① 뜻밖의 일로 정신이 없고 멍하다.
② 머리가 몹시 어지럽다.

나는 몸이 무겁고 머리가 얼떨떨했다.
뭐가 뭔지 얼떨떨하다.

 1. <보기>에서 빈칸에 알맞은 말을 찾아 쓰세요.

> **보기**　얼떨떨하다　얼떨떨한　얼떨떨했다
> 　　　　얼떨떨해　얼떨떨해서

① 깜짝 생일 파티에 놀라 기분이 (　　　　　).

② 잠이 덜 깨 (　　　　　) 상태로 집을 나섰다.

③ 잠을 많이 못 자서 머리가 (　　　　　).

 2. 위의 <보기>에서 알맞은 단어를 골라 다음 빈칸에 쓰세요.

　"와! 이번 독후감 쓰기 대회에서 최우수상 받았다며? 축하해."

　"나도 깜짝 놀랐어. 아직도 기분이 ＿＿＿＿＿＿＿＿＿."

문장의 짜임

할머니께서
주무신다

~께서 + 높임표현

'할머니'를 높인 것이므로 '자다'의 높임말
'주무시다'를 씀

---

1. 다음 중 높임 표현을 알맞게 쓴 문장을 찾아 (   )안에 동그라미 하세요. (2개)

① 선생님께 궁금한 것을 물어보았다. (   )

② 할아버지께서 초등학교에 입학한다고 선물을 주셨다. (   )

③ 선생님께서 많이 편찮으시다. (   )

④ 아버지께서 밥을 먹고 있었다. (   )

---

2. 다음 문장을 읽고 밑줄 친 곳을 바르게 고치세요.

① 옆 반 <u>선생님이</u> 나에게 심부름을 <u>시켰다</u>.

⇨ _____

② <u>어머니가</u> 할머니를 병원에 <u>데리고</u> 가셨다.

⇨ _____

모범 문장 읽기

⑳ 설명하는 글

---

 1. 다음 글을 읽고 다람쥐가 이빨을 닳게 하려고 하는 일을 찾아 쓰세요.

다람쥐처럼 쥐 무리에 속하는 동물들은 이빨이 계속해서
자란다고 해요. 그렇기 때문에 이빨을 <u>닳게</u> 하려고 쉬지 않고
나무를 쏠거나 딱딱한 열매를 갉아 먹는 것이죠. 그래서
다람쥐가 좋아하는 먹이는 도토리, 밤, 땅콩, 호두, 잣과
같이 대부분 껍질이 딱딱한 열매예요.

국어 3학년 '어떤 내용일까'

●

---

 2. <보기>의 단어를 활용하여 문장을 쓰세요.

보기   닳아서   운동화   새로   샀다   뒤꿈치가

●

---

 3. 여러분이 좋아하는 동물을 쓰고, 특징을 한 가지 쓰세요.

🖉

스스로
평가

4주 정리학습

 1. 줄을 그어서 문장을 완성하세요.

① 동생은 가끔 장난으로 ●

● 화난 채한다.
● 화난 체한다.

② 너무 피곤해서 ●

● 옷을 입은 체 잠이 들었다.
● 옷을 입은 채 잠이 들었다.

③ 허리를 펴고 ●

● 반듯이 앉아라.
● 반드시 앉아라.

④ 나는 결심을 하면 ●

● 반드시 행동으로 옮긴다.
● 반듯이 행동으로 옮긴다.

 2. 다음 대화를 읽고 잘못된 높임 표현을 바르게 고쳐 쓰세요.

 아빠, 할머니가 떡을 줬어요. 드셔 보세요.

_____

 음, 정말 맛있구나. 너도 먹어 보렴.

스스로 평가

5주차

주간학습 계획

횟수	공부한 날	내용
21일	( )월( )일	약속 시간을 잊다 길을 잃다 문장의 종류 - 설명하는 문장 (평서문) 모범 문장 읽기 ㉑ 동화
22일	( )월( )일	모래성을 쌓다 손님을 맞이하다 문장의 종류 - 명령하는 문장 (명령문) 모범 문장 읽기 ㉒ 설명하는 글
23일	( )월( )일	성을 부수다 아빠를 닮다 문장의 종류 - 권유하는 문장 (청유문) 모범 문장 읽기 ㉓ 생활글
24일	( )월( )일	우유를 붓다 비가 많이 와서 강물이 붇다 문장의 종류 - 물어 보는 문장 (의문문) 모범 문장 읽기 ㉔ 시
25일	( )월( )일	우리 오빠는 게으르다 성격이 어수룩하다 문장의 종류 - 느낌, 놀람을 나타내는 문장 (감탄문) 모범 문장 읽기 ㉕ 설명하는 글

 5주 정리학습

약속 시간을 잊다

알았던 것을 기억하지 못하다. 기억해 두어야 할 것을
한순간 미처 생각해 내지 못하다.

오늘이 엄마 생신이라는 것을 깜빡 잊었다.

---

1. 다음 문장을 읽고 빈칸에 알맞은 말을 <보기>에서 찾아 쓰세요.

> 보기   잊기   잊어라   잊었는데   잊고   잊었다

① 나는 나쁜 기억을 (   ) 위해선 뭐든지 할 수 있어.

② 깜빡 (   ) 엄마 생신 선물을 준비하지 못했다.

③ 친구와의 약속을 새까맣게 (   ).

---

2. <보기>의 단어들을 사용하여 문장을 만들어 쓰세요.

> 보기   잊고   놀았다   추위를   신나게   친구와

길을
잃다

① 가졌던 물건이 자신도 모르게 없어져
　그것을 갖지 않게 되다.
② 가까운 사람이 죽어서 이별하다.

깊은 산 속에서 길을 잃었다.
사고로 부모님을 잃고 할머니와 살았다.

 1. 다음 중 올바른 문장을 고르세요. (　　　　)

① 선생님, 지우개를 <u>잃어버렸어요.</u>

② 연필을 <u>잊어버려서</u> 친구에게 빌렸다.

③ 길을 <u>잊어버려서</u> 한참을 헤맸다.

④ 약속을 깜빡 <u>잃어버려</u> 잔소리를 들었다.

 2. 다음 문장을 읽고 잘못된 부분을 고쳐서 다시 쓰세요.

① 어머니께서 사 주신 시계를 <u>잊어</u>버려서 한참 찾았다.

_____

② 가끔 어릴 때 <u>잊어버린</u> 인형이 생각난다.

_____

문장의 종류

책을
빌리려고
도서관에
간다

* 설명하는 문장
  – 어떤 사실이나 자신의 생각을 설명하는 문장. (평서문)

 1. 다음 중 풀이하는 문장이 <u>아닌</u> 것을 고르세요. (   )

① 벌이 꽃밭을 날고 있다.

② 학교에서 운동회가 열렸다.

③ 지금 밖에 눈이 오니?

④ 오늘은 봄날같이 따뜻해요.

 2. 다음 그림을 보고 <보기>의 단어를 사용하여 문장을 쓰세요

 보기   눈물을   콩쥐가   흘립니다   뚝뚝

⇨ _____

모범 문장 쓱 읽기

㉑ 동화

1. 다음 글을 읽고, 밑줄 친 말을 할 때 부벨라의 표정, 몸짓, 말투로 알맞은 것을 <보기>에서 찾아 쓰세요.

정원사는 돌아서서 집 안으로 들어갔어요. 정원사는 허리가 굽어서 아주 천천히 움직였는데, 움직이는데 무척이나 힘들어 보였어요. 정원사는 접시를 들고 다시 집 밖으로 나왔어요. 그러고는 천천히 움직이며 정원 세 곳에서 각기 다른 종류의 흙을 접시에 담은 뒤, 접시를 부벨라에게 건네주었어요.

"지렁이 친구가 정말 좋아할 거야."

"<u>고맙습니다, 고맙습니다.</u>"

부벨라는 얼마나 기쁜지 눈물이 나올 것만 같았어요. 정말 오랜만에 누군가가 부벨라에게 친절을 베풀어 주었거든요.

국어 3학년 '작품을 보고 느낌을 나누어요'

보기
- 매서운 표정으로 팔을 휘저으면서 단호한 목소리로 말해야 한다.
- 감격스러운 표정으로 고개를 숙여 인사하며 기뻐하는 목소리로 말해야 한다.

  스스로 평가

모래성을 쌓다

① 여러 개의 물건을 겹겹이 포개어 엱어 놓다.
② 경험, 기술, 업적, 지식 따위를 거듭 익혀 많이 이루다.

여기 쌓아 놓은 물건들 제가 가져가도 되나요?
실력을 쌓다.

1. 문장을 읽고 빈칸에 알맞은 말을 <보기>에서 골라 쓰세요.

보기	쌓은	쌓았다	쌓아	쌓으면

① 바닷가에서 열심히 모래성을 (   ).

② 몇 년 동안 (   ) 실력으로 우승을 했다.

③ 위험하니까 이곳에 짐을 (   ) 두면 안 돼.

2. '쌓다'의 뜻에 맞는 문장에 동그라미 하세요.

뜻	여러 개의 물건을 겹겹이 포개어 엱어 놓다.

① 이삿짐이 산더미같이 쌓여 있었다. (   )

② 이순신 장군은 수많은 공적을 쌓았다. (   )

① 오는 것을 맞다.
② 남편, 아내, 며느리, 사위 등을 예의를 갖추어
가족이 되게 하다.

손님을 맞이하다

새해를 맞이하다.
나무꾼은 선녀를 아내로 맞이하였다.

 1. 다음 문장을 읽고 빈칸에 알맞은 말을 <보기>에서 골라 쓰세요.

 보기 맞이하여 맞이하고 맞이할 맞이했다

① 할머니께서는 손님을 (   ) 준비를 하셨다.

② 설날을 (   ) 어른들께 세배를 드렸다.

③ 기나긴 겨울이 가고 새 봄을 (   ).

2. <보기> 문장을 보고 밑줄 친 '맞이하다'와 같은 뜻을 가진 문장에
동그라미 하세요.

보기 우리 학교에 새로운 교장 선생님이 오셨다.
우리는 모두 예의를 갖추어 반갑게 맞이하였다.

① 나무꾼은 선녀를 신부로 맞이하여 행복하게 살았다.(   )

② 우리 학교는 개교 10주년을 맞이했다. (   )

교실에
쓰레기를
버리지
말아라

* **명령하는 문장 (명령문)**
– 무엇을 하도록 명령하는 문장
'–어라, –아라'를 붙임

 1. 다음 중 시키는 문장이 <u>아닌</u> 것을 찾아 번호를 쓰세요. (   )

① 밥만 먹지 말고 반찬도 골고루 먹어라.

② 학교 끝나면 바로 올 거니?

③ 횡단보도를 건널 때는 오른쪽, 왼쪽을 잘 살피고 건너라.

④ 동생을 울리지 말아라.

 2. 다음 문장을 <보기>와 같이 시키는 문장으로 바꾸어 쓰세요.

보기 동생과 같이 간식을 먹는다. ⇨ 동생과 같이 간식을 먹어라.

① 책을 읽고 독서록을 쓴다.

⇨

② 몸이 튼튼해지도록 아침마다 달리기를 한다.

⇨

모범 문장 쏙 읽기

㉒ 설명하는 글

 1. 다음 글을 읽고 토박이말의 뜻을 찾아 쓰세요.

봄 날씨를 나타내는 토박이말에는 '꽃샘추위', '꽃샘바람', '소소리바람' 같은 말이 있다. 이른 봄, 꽃이 필 무렵에 찾아오는 추위를 '꽃샘추위'라고 한다. 여기서 '샘'은 시기, 질투라는 뜻이다. 그래서 '꽃샘추위'는 꽃이 피는 것을 시샘하듯 몰아닥친 추위라는 뜻이 된다. 꽃샘추위 때 부는 바람은 '꽃샘바람'인데, 이보다 차고 매서운 바람은 '소소리바람'이다. 이 바람은 이른 봄에 살 속으로 스며드는 듯한 차고 매서운 바람을 일컫는다.

국어 3학년 '중심 생각을 찾아요.'

① 꽃샘추위

_____

② 꽃샘바람

_____

③ 소소리바람

_____

 스스로
평가

성을 부수다

단단한 물체를 여러 조각이 나게 두드려 깨뜨리다.

조각이 나도록 부숴 놓았다.
농부는 흙덩이를 곱게 부쉈다.

 1. 문장을 읽고 알맞은 낱말을 골라 동그라미 하세요.

① 시골 외할머니 댁은 헌 집을 (부숴서 / 부수고) 새로 지었다.

② 낡은 담장을 (부수고 / 부쉈더니) 새 담장을 만들었다.

③ 엄마가 화분에 있는 흙을 잘게 (부수고 / 부숴라) 상추를 심었다.

 2. 다음 <보기>의 단어를 넣어 문장을 쓰세요.

보기 친구가 만든 내가 부쉈다 탑을 실수로

친구가

아빠를 닮다

① 사람 또는 사물이 서로 비슷한 생김새나 성질을 지니다.
② 어떠한 것을 본떠 그와 같아지다.

나는 아빠와 엄마를 반반 닮았다.
친구의 부지런한 모습을 닮으려고 노력한다.

---

 1. 문장을 읽고 알맞은 낱말을 골라 동그라미 하세요.

① "현지야, 넌 부모님 중에 누구를 (닮았고 / 닮았니)?"

② "사람들이 눈이 엄마 (닮았구나 / 닮았대).
너는 누구 닮았니?"

③ "나? 할머니께서 내가 할아버지를 (닮았대 / 닮았구나)."

---

 2. <보기>의 단어들을 활용하여 문장을 쓰세요.

> **보기** 옆으로 습관이 자는 아빠를 있다 닮아서 나는

 나는

**새해에는
해돋이를
보러 가자**

문장의 종류

* 권유하는 문장 (청유문)
– 무엇을 함께 하자고 권하는 문장 '~자'를 붙임

 1. 다음 중 권유하는 문장이 <u>아닌</u> 것을 고르세요. (   )

① 내일 우리 집에서 만화 영화 보자.

② 나, 자전거 타는 거 배울 건데 같이 배우자.

③ 영화 보러 갈 건데 같이 가자.

④ 동생과 간식을 나누어 먹어라.

 2. 다음 문장을 <보기>처럼 권유하는 문장으로 바꾸어 쓰세요.

보기   같이 축구를 해라   ⇨   같이 축구를 하자

① 집에 갈 때 나랑 같이 갈래?

_____

② 어, 비 온다. 우산 좀 씌워 줘.

_____

모범 문장 쓱✔ 읽기 ㉓ 생활글

 1. 다음 글을 읽고 '나'가 동생을 위해 한 일을 찾아 쓰세요.

"누나, 나 아파."
주혁이가 눈물이 그렁그렁한 얼굴로 말했다.
"병원 다녀오면 금방 나을 거야."
나는 주혁이의 이마에 차가운 물수건을 얹어 주었다.
마음이 아팠다. 동생이 얼른 나았으면 좋겠다.

국어 3학년 '자신의 경험을 글로 써요'
<동생이 아파요> 중에서

---

 2. <보기>에서 동생에 대한 '나'의 마음을 찾아 쓰세요.

> **보기** 밉고 귀찮은 마음   고맙고 자랑스러운 마음   안쓰럽고 걱정되는 마음

스스로 평가

우유를
붓다

① 액체나 가루를 다른 곳에 담다.
② 살이나 어떤 기관이 부풀어 오르다.

가마솥에 물을 붓다.
손가락이 붓다.

---

 1. ( ) 안에 알맞은 말을 <보기>에서 골라 쓰세요.

> **보기** 붓고   부었다   부으니   부어서

① 밥이 너무 뜨거워 찬물을 ( ) 먹었다.

② 오래 걸었더니 발이 퉁퉁 ( ).

③ 손을 다쳐서 손가락이 ( ) 아팠다.

---

2. ( ) 안에 알맞은 말을 골라 바르게 쓰세요.

① 울어서 눈이 퉁퉁 (붇다 / 붓다).
⇨ _____

② 보온병에 따뜻한 물을 (붇고 / 붓고) 있었다.
⇨ _____

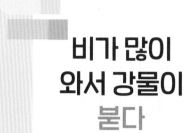

비가 많이 와서 강물이 붇다

① 물에 젖어서 부피가 커지다.
② 분량이나 수가 많아지다.

어머니께서 밥을 하시려고 쌀을 불려 놓으셨다.

 1. 알맞은 말을 골라 동그라미 하세요.

① 장마철이라 개울물이 많이 (부었다 / 불었다).

② 전화를 받느라 퉁퉁 (불은 / 부은) 라면을 먹었다.

③ 생일 때 맛있는 것을 많이 먹었더니 몸무게가 (붓다 / 붇다).

 2. <보기>에서 알맞은 단어를 골라 문장을 완성하세요.

보기 불은   부은   불려   붇고   부었다

① 할머니께서 미역을 (   ) 놓으셨다.

② 모기에 물린 발가락이 퉁퉁 (   ).

문장의 종류

생일 선물로 무엇이 좋을까?

* 물어보는 문장 (의문문)
– 무엇인가를 물어보는 문장은 끝에 물음표를 붙임

1. 다음 중 물어보는 문장이 <u>아닌</u> 것을 고르세요. (   )

① 우리 재미있는 영화를 보러 가자.

② 그 공책 어디서 샀니?

③ 내일 할머니 댁에 가는데 뭘 가져갈까?

④ 오늘 저녁으로 뭐가 좋을까?

2. <보기>처럼 물어보는 문장으로 바꾸어 쓰세요.

> 보기   더워서 창문을 열었다. ⇨   더운데 창문을 열까?

① 오늘 급식으로 짜장면이 나온다.

⇨ _____

② 주말에 친구들이랑 수영장에 가자.

⇨ _____

모범 문장 쏙✓ 읽기 ㉔시

---

 1. 다음 시를 읽고 감기에 걸려 열이 나는 모습이 나타난 부분을 찾아 쓰세요.

감기

내 몸에
불덩이가 들어왔다.
– 뜨끈뜨끈
불덩이를 따라
몹시 추운 사람도 들어왔다.
– 오들오들

약을 먹고 나니
– 느릿느릿
거북이도 들어오고
– 까무룩.
잠꾸러기도 들어왔다.

국어 3학년 '감동을 나타내요'

_____

---

 2. 감기에 걸렸던 경험을 떠올려 보고 그때 나의 모습을 표현해 보세요.

> 예 기침을 콜록콜록 했다. 열이 펄펄 났다.

_____

스스로
평가

우리 오빠는
게으르다

행동이 느리고 움직이거나 일하기를 싫어한다.

게으른 사람은 성공하기 힘들다.
지수는 게을러서 자기 방을 잘 치우지 않는다.

 1. 알맞은 말에 동그라미 하세요.

① 진호는 (게을러서 / 게으른데) 방 청소를 안 한다.

② (게으른 / 게으르니) 사람은 숙제를 잘 미룬다.

 2. 문장이 잘 이어지도록 줄을 그으세요.

① 나무늘보는　　　　●　　　　●　몹시 게을러진다.

② 방학만 되면 나는　　●　　　　●　게으르다.

③ 게으른 사람은　　　●　　　　●　손해 보는 일이 많다.

성격이
어수룩하다

겉모습이나 말이 치밀하지 못하여 순진하고
어설픈 데가 있다.

내 동생은 어수룩해서 거짓말을 못한다.

 1. 알맞은 말을 골라 동그라미 하세요.

① 내 친구는 (어수룩해서 / 어수룩하고) 남에게 잘 속는다.

② 거짓말을 구분하지 못하다니 참 (어수룩하니 / 어수룩하구나).

 2. <보기>의 글을 읽고 지호의 성격을 나타내는 말에 동그라미 하세요.

> **보기** 지호는 친구들의 말에 잘 속는다.
> 친구들은 무슨 말이든 곧이곧대로 믿고, 잘 속는 지호가
> 재미있어서 일부러 속이기도 한다.

지호는 성격이 (상냥하다 / 어수룩하다 / 이기적이다).

문장의 종류

밤하늘의 별들이 정말 아름답구나!

* 느낌이나 놀람을 나타내는 문장 (감탄문)
– 자신의 감정, 느낌을 표현하는 문장은 끝에 느낌표를 붙임

 1. 다음 중 감탄하는 문장이 <u>아닌</u> 것을 고르세요. (   )

① 새로 산 옷이 너한테 잘 어울리는구나!

② 꽃이 참 아름답구나!

③ 와! 정말 멋지다!

④ 친구가 멋진 옷을 입었다.

 2. 다음 문장을 <보기>처럼 느낌이나 놀람을 나타내는 문장으로 바꾸어 쓰세요.

> 보기   오늘따라 하늘이 파랗다. ⇨ 오늘따라 하늘이 파랗구나!

① 가로수길이 오늘따라 멋져 보인다.
⇨ _____

② 친구와 나누어 먹으니 더 맛있니?
⇨ _____

모범 문장 ✓ 읽기

㉕ 설명하는 글

 1. 다음 글을 읽고 태극기의 각 부분이 뜻하는 것을 찾아 쓰세요.

무늬가 조금씩 달랐던 태극기는 1949년에 지금의 태극기 모습으로 정해졌어.
우리나라 사람들의 평화를 사랑하는 마음은 태극기의 흰색에 담겨 있어. 태극 문
양은 조화로운 우주를 뜻하고, 네 모서리의 사괘는 하늘, 땅, 물, 불을 나타낸 거야.

국어 3학년 '글을 읽고 소개해요'

① 태극기의 흰색 :

② 태극 문양 :

③ 네 모서리의 사괘 :

스스로
평가 ☆ ☆ ☆ ☆ ☆

5주 정리학습

 1. 문장의 종류에는 설명하는 문장, 명령하는 문장, 물어보는 문장, 권유하는 문장, 느낌이나 놀람을 나타내는 문장이 있습니다.

1. 같은 종류의 문장끼리 줄을 그으세요.

와, 정말 멋지다! ●　　　　● 우리 여행 갈까?

너는 장래 희망이 뭐니? ●　　　　● 신발이 참 멋지구나!

병원에 가서 예방 주사를 맞자. ●　　　　● 같이 도서관에 가자.

교실에 있는 쓰레기를 치워라. ●　　　　● 엄마 심부름을 했다.

동생이 지금 책을 읽는다. ●　　　　● 운동화를 신거라.

 2. <보기>의 단어를 활용하여 문장을 쓰세요.

> **보기** 붓고　붙고　우유를　오빠가　있다　컵에

➡ ① 오빠가 _____

> **보기** 붓고　붙고　발바닥이　아프다　걸었더니　오래

➡ ② 오래 _____

스스로 평가

초등학교 저학년

2

정답 및 해설

본 교재는 다양한 예문을 통해 어휘 뜻과 어휘 유형을 익혀 문해력을 키우도록
구성하였습니다. 본 교재에서 사용한 맞춤법과 어휘는 국립국어원에서 제공하는
표준국어대사전을 따랐습니다.

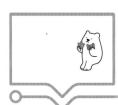

14쪽   2. ① 잠을 잔다.   ② 웃는 모습이

15쪽   1. ① 반가웠다.   ② 반가운
       2. ① 반가워.

16쪽   1. 사자는 ●   ● 채소다.

          진수가 ●   ● 반장이다.

          배추는 ●   ● 동물이다.

       2. ① 한복은 옷이다.   ② 무궁화는 꽃이다.
       → ①과 ② 순서를 바꾸어 써도 됩니다.

17쪽   1. 봄바람과 겨울바람은 밀고 당기기를 합니다.

18쪽   1. ③

→ ①, ②, ④ 는 물건의 표면을 얇게 벗겨낸다는 뜻이고 ③은 낮추어서
줄인다는 뜻으로 쓰였습니다.

2. 그럼 연필을 다시 깎아야겠구나.

19쪽   1. ③ 민호는 성큼성큼 빵을 먹었다. → 민호는 성큼성큼 걸어갔다.

→ '성큼성큼'은 걸어가는 모양을 나타내는 말이라 '걸어간다'는
표현과 어울립니다.

2. 성큼성큼 걸어가셨다.

20쪽   1.

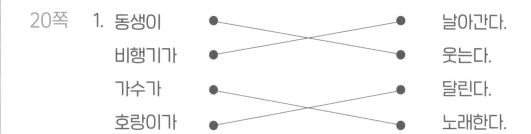

2. 개나리가 피었다. 공이 굴러간다. 친구가 노래한다.

→ 위 세 문장 중 두 문장을 쓰면 맞습니다.

21쪽   1. 하윤이의 특징 : 키가 크고 눈썹이 진하다.

하윤이가 잘하는 것 : 달리기를 잘한다.

22쪽   1. ④

→ ① ② ③은 '묻히다'가 들러붙게 하거나 흔적을 남긴다는 뜻으로 쓰였고,
④는 물건 속에 넣어져 보이지 않게 된다는 뜻으로 쓰였습니다.

2. ① 마을이 어둠에 묻히다.   ② 많은 유물들이 흙 속에 묻혀 있었다.

23쪽   1. ② 집 안이 조용해서 요란하다.

→ '조용하다'와 '요란하다'는 반대의 뜻을 가져서 같이 쓸 수 없습니다.

2. ① 비행기 소리가 요란했다.   ② 아기가 우는 소리가 요란했다.

24쪽   1.
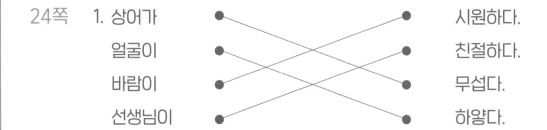

상어가 — 무섭다.
얼굴이 — 하얗다.
바람이 — 시원하다.
선생님이 — 친절하다.

2. ① 비빔밥이 맛있다.   ② 장미꽃이 아름답다.

25쪽   1. ② 편지에 뭐라고 썼는지 궁금해요.

③ 편지를 받아서 행복해요.

26쪽   1. ③ 어린아이들을 보살펴 사람들이 필요하다.
        → 어린아이들을 보살펴 줄 사람들이 필요하다.

        2. 새끼 강아지들을 잘 보살펴 줘야겠네.

27쪽   1. ②
        → ①과 ③의 '가꾸다'는 식물이나 식물을 기르는 장소를 보살핀다는 뜻
          이고, ②는 좋은 상태로 만들려고 보살핀다는 뜻입니다.

        2. 어머니께서 매일 화분을 가꾸신다.

28쪽   1. ① 환자를   ② 불을   ③ 공을

        2. ① 아이들이 세배를 한다.
          ② 오리가 알을 낳는다.

29쪽   1. ① 황새가 성큼성큼 걸었어요.
          ② 황새가 기웃기웃 살폈어요.

1주 5일

30쪽 1. ②

2. 길이 너무 복잡해서 중간에 돌아왔어.

31쪽 1. ①

→ ①은 상하지 않고 생기가 있다는 뜻이고, ②, ③, ④는 바로 눈앞에 보는 것처럼 또렷하다는 뜻입니다.

2. 할머니께서 불고기를 해 주신 기억이 생생하게 떠오른다.

32쪽 1.

얼음이	● ——————— ●	물이 되다.
에디슨은	●	선생님이 될 것이다.
나는	●	과학자가 되었다.
올챙이는	● ——————— ●	개구리가 된다.

2. ① 삼촌이 가수가 되었다.   ② 쌀이 밥이 된다.(되었다.)

33쪽 1. ① 도깨비바늘이래요.

② 강아지풀이래요.

34쪽 1주 정리학습

①과 ②에 쓸 수 있는 문장 : 길이 복잡하다. 길이 많이 복잡하다.

나는 친구를 만났다.

할머니께서 과일을 깎으셨다.

36쪽   1. ①

→ ①의 '껍데기'는 달걀이나 조개의 겉을 싸고 있는 단단한 물질이라는
뜻이고 ②와 ③은 겉을 싸고 있는 단단하지 않은 물질이라는 뜻입니다.

2. ① 달걀 껍데기가 다 깨져 버렸다.   ② 꽃게 껍데기는 단단하다.

37쪽   1. ① 무용지물   ② 무용지물

2. ① 무용지물   ② 무용지물   ③ 무용지물

38쪽   1. 오이는   학생이 아니다.

아빠는   과일이 아니다.

코끼리는   식물이 아니다.

2. ① 거미는 곤충이 아니다.   ② 양파는 과일이 아니다.

39쪽   1. ① 감시용 로봇은 – 도둑이 집에 들어오는지 살피는 일을 합니다.
② 해양 탐사 로봇은 – 바다 깊은 곳에 가서 그곳 상태를 조사합니다.
③ 청소 로봇, 서빙 로봇, 전투 로봇, 수술 로봇 등 자신이 알고
있는 로봇을 설명해 보세요.

40쪽　　1. ②

　　　　→ ①, ③, ④의 '베풀다'는 남에게 돈을 주거나 일을 도와준다는 뜻으로
　　　　　쓰였고, ②의 '베풀다'는 일을 벌인다는 뜻으로 쓰였습니다.

　　　　2. 사또는 어려움에 처한 마을 사람들을 위해 집과 먹을 것을 마련해
　　　　주었습니다.

41쪽　　1. 화가, 가수, 의사, 선생님 중 하나를 쓰면 됩니다.

　　　　2. ① 지영이는(이모는) 훗날 화가가 되었다.

　　　　　② 이모는(지영이는) 훗날 선생님이 되었다.

　　　　→ '훗날'은 문장 맨 앞에 써도 됩니다. → 훗날 지영이는 화가가 되었다.

42쪽　　1. ② 차가운

　　　　　③ 어린

　　　　　④ 커다란

　　　　　⑤ 맛있는

43쪽　　1. 어머니의 다음 생신 때도 정성이 담긴 선물을 드려야겠다.

44쪽   1. ②

→ ①, ③, ④는 '갚다'가 남에게 빌린 것을 돌려준다는 뜻으로 쓰였고, ②는 남에게 신세 진 것을 돌려준다는 뜻으로 쓰였습니다.

2. 은혜를 갚았다.

45쪽   1. ① 문을 잠갔어서 안심이 되었다. – 문을 잠그니 안심이 되었다.

2. 현진이는 일기장을 서랍에 넣고 열쇠로 잠갔다.

46쪽   1. ① 날카로운

② 시원한

2. ① 말이 넓은 들판을 달린다.

② 영희는 새 일기장을 샀다.

47쪽   1. ① 오순도순 정답게 지냈어요.

② 차곡차곡 쌓인 볏단을 바라보았어요.

48쪽   1. ① 가두었다

② 가두고

③ 가두어

2. 목동이 양 떼를 우리에 가두었다

목동이 우리에 양 떼를 가두었다.

→ 둘 중 하나로 쓰면 맞습니다.

49쪽   1. ① 빼앗은

② 빼앗겼다

③ 빼앗아

2. ① 우리는 빼앗긴 나라를 되찾았다.

우리는 나라를 빼앗겼다.

② 진호는 장난감을 빼앗겨서 울었다.

진호는 빼앗긴 장난감을 되찾았다.

→ 위 문장 외에도 단어를 활용하여 바른 문장을 쓴 경우 다 맞습니다.

50쪽   1. ① 멋지게   ② 빠르게

2. ① 빠르게   ② 슬프게   ③ 쉽게

51쪽   1. ① 보고 싶어.

② 행복해.

③ 흐뭇해.

52쪽   1. ① 억지   ② 억지   ③ 억지

2. 내 동생은 종종 억지를 부린다.

53쪽   1. ① 트집   ② 트집   ③ 트집   ④ 트집

2. ②

→ 트집은 잘못을 들추어 불평을 하거나 말썽을 부린다는 뜻입니다.
그러므로 '좋다'는 표현과는 어울리지 않습니다.

54쪽   2. ① 친구들이 점심을 먹는다.

⇨ (배고픈) 친구들이 점심을 먹는다.

⇨ (배고픈) 친구들이 점심을 (맛있게) 먹는다.

55쪽   ② 곳간에 먹을 것이 많다 보니 생쥐도 바글거렸어요.

③ 생쥐들은 곡식도 야금야금 먹어 치우고,

56쪽   2주 정리학습

1. ① 아저씨는 돌아다니던 닭들을 가두고 집으로 돌아갔다.

② 아이들은 큰 소리로 노래를 부른다.

2. ① 할머니께서 (조그마한) 정원을 가꾸신다.

할머니께서 (조그마한) 정원을 (아름답게) 가꾸신다.

② (화난) 사람들이 고함을 지른다.

(화난) 사람들이 (크게) 고함을 지른다.

3주 1일

58쪽 1. ① : ②설레서

②: ①설렜다

2. 설렜다.

59쪽 1. ④

→ ①, ②, ③은 공중으로 날면서 간다는 뜻으로 쓰였고, ④는 가지고

있거나 붙어 있던 것이 없어진다는 뜻으로 쓰였습니다.

2. ① 새가 훨훨 날아간다.(날아갔다.)

② 모자가 세찬 바람에 날아갔다. (날아간다.)

60쪽 1. ① 콩닥콩닥

② 뽕뽕

2. ① 애벌레가 꿈틀꿈틀 기어간다.

② 나뭇잎이 알록달록 물들었다.

61쪽 1. ② 올챙이가 나왔어요.

④ 앞다리도 쑥 나왔어요.

62쪽　　1. ① : ② 짓궂은

　　　　　② : ② 짓궂어서

　　　　2. ① 오빠는 나에게 짓궂은 장난을 친다.

　　　　　(진수는)

　　　　　② 진수는 나에게 짓궂게 군다.

　　　　　(오빠는)

63쪽　　1. ① 미국에 계신 고모께 편지를 부쳤다.

　　　　　② 땀이 나서 부채를 부쳤다.

　　　　　③ 무거운 짐을 옮기기엔 힘이 부친다.

64쪽　　1. ③ 책은 사지 않았다.

　　　→ '그리고'는 뒤에 비슷한 내용이 한 번 더 나올 때 씁니다.

　　　　'책은 사지 않았다.' 앞에는 '그러나'가 와야 합니다.

　　　　2. ① 그리고 책상 정리도 했다.

　　　　　② 그리고 거기서 친구도 만났다.

65쪽　　1. 두부 한 접시가 감쪽같이 사라졌네.

3주 3일

66쪽 1. ① 띄었다   ② 띄어
      2. ① 띄었다   ② 띄었다

67쪽 2. ① 빛깔이나 색채를 ●   ● 엄마가 얼굴에
        가지다.   화난 빛을 <u>띠고</u> 계셨다.

      ② 감정이나 기운을 ●   ● 하늘이 푸른 빛을
        나타내다.   <u>띠고</u> 있다.

68쪽 1. ① 늦잠을 잤다. 그러나 지각을 하지 않았다.

      → '그러나'는 앞 문장과 반대되는 내용이 나올 때 씁니다.

      2. ① 떡볶이가 너무 ●   ● 아이스크림을
        매웠다. 그래서 ~   3개나 먹었다.

      ② ~그래서 ●   ● 눈물이 났다.
        배탈이 났다.

      ③ 늦게까지 책을 ●   ● 늦잠을 잤다.
        보았다. 그래서~

69쪽 1. ① 난 깜짝 놀라 튀어 올랐어.

      ② 점점 작아져서 좁쌀만하게 되는 것 같았어.

70쪽

1. "새 엄마에게 구박받는 콩쥐가 가엾다."

2. ① 가여운

　　② 가여워

71쪽

1. ① 마중

　　② 마중

　　③ 마중

2. 아빠를 마중하러 갔다.

72쪽

1. 나는 축구를 하고 싶었다. 그러나 친구들은 야구를 하고 싶어 했다.

2. ① 그러나 1등을 하지는 못했다.

73쪽

1. 중심 문장 : 불은 원시인의 삶을 크게 바꾸어 놓았습니다.

　　뒷받침 문장 : ③ 원시인들은 불로 음식을 익혀 먹기도 했습니다.

3주 5일

74쪽　　1. ① 배웅

　　　　2. 배웅했어요.

75쪽　　1. ④ 친구는 말투가 상냥해서 불친절하게 느껴진다.

　　　　2. ① 선생님은 상냥한 목소리로 말씀하신다.

　　　　　　② 새로 전학 온 친구는 상냥하다.

76쪽　　1. ① <u>작년 여름에</u> 우리 가족은 동해 바다로 휴가를 <u>다녀왔다.</u>

　　　　　　② 나는 <u>7살 때</u> 한글을 잘 <u>몰랐다.</u>

　　　　　　③ <u>어릴 때</u> 자전거를 타다 넘어져서 크게 <u>다쳤다.</u>

　　　　→ '작년 여름', '7살 때', '어릴 때'는 모두 과거를 나타내는 말입니다.

　　　　　그러므로 뒤에 오는 서술어 '다녀온다', '모를 것이다.', '다친다'도

　　　　　과거로 써야 합니다.

77쪽　　1. 바다에서 물고기도 얻을 수 있습니다.

　　　　2. 에너지(전기), 광물 자원(금, 구리, 철……),

　　　　　바다 식물(미역, 다시마, 김……)

78쪽　　3주 정리학습

　　　　1. ① 그러나　② 그리고　③ 그래서

　　　　2. ① 부쳤다　② 띄어　③ 가여웠다　④ 마중하러

80쪽   1. ① 짐작

② 짐작

③ 짐작

2. 짐작

81쪽   1. ① 살피는

② 살펴야

③ 살핀다

82쪽   1. ① 선생님은 지금 시험지 채점을 하고 <u>계신다</u>.

② 사자는 암컷이 사냥을 하고 수컷이 새끼를 <u>돌본다</u>.

→ '지금'은 현재를 나타내는 표현입니다. 그러므로 서술어 '계시다',

'돌보다'도 현재로 써야 합니다.

2. ① 지석이는 지금 책을 <u>보고 있다</u>. 또는 지석이는 지금 책을 <u>본다</u>.

83쪽   1. 가슴이 너무 쿵쿵거려서 아래층 손님들한테까지 제 심장 뛰는

소리가 들릴 것만 같아요.

4주 2일

84쪽   1. ① 오랜만

　　　　② 오랜만

　　　2. ① 할머니 댁에 오랜만에 가서 정말 기뻤다.

85쪽   1. ③

　　→ ①, ②, ④의 '낫다'는 더 좋거나 앞서 있다는 뜻으로 쓰였고, ③의 '낫다'
　　　　는 병이 고쳐졌다는 뜻으로 쓰였습니다.

　　　2. ① 친구의 그림 솜씨가 나보다 낫다.
　　　　② 동생이 손을 다쳤는데 다 나았다.

86쪽   1. ① 나는 앞으로 부모님 말씀을 잘 들을 것이다.(듣겠다.)
　　　　② 지연이는 내일 일찍 일어날 것이다.
　　　　③ 내일부터 아침에 일어나면 책을 읽을 것이다.(읽겠다.)

　　→ '앞으로', '내일'은 미래를 나타내는 표현입니다. 그러므로 현재형으로
　　　　쓴 서술어 '듣는다', '일어난다', '읽는다'도 미래를 나타내는 표현으로
　　　　써야 합니다.

87쪽   1. ① 축하하는 마음

　　　　② 민지가 나라 사랑 그리기 대회에서 금상을 받은 것을 축하해
　　　　　주기 위해 편지를 썼다.

88쪽   1. ② 반드시

2. ① 우승을 하려면 반드시 장애물을 뛰어넘어야 한다.

    ② 내일 시험을 잘 보려면 반드시 공부해야 한다.

89쪽   1. ③

2. ① 경찰관은 모자를 반듯이 고쳐 썼다.

    ② 책을 반듯이 앉은 자세로 읽어라. 또는 반듯이 앉은 자세로

     책을 읽어라.

    → 둘 다 맞습니다.

90쪽   1. ②

    → '만약'은 미래를 나타내는 '~할 것이다', '~겠다'와 어울리는 표현입니다.

2.

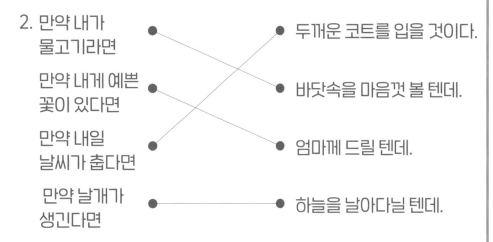

만약 내가
물고기라면   두꺼운 코트를 입을 것이다.

만약 내게 예쁜
꽃이 있다면   바닷속을 마음껏 볼 텐데.

만약 내일
날씨가 춥다면   엄마께 드릴 텐데.

만약 날개가
생긴다면   하늘을 날아다닐 텐데.

91쪽   1. ① 우리 집으로 가지가 넘어왔잖아요.

    ② 아무리 담 너머로 가지가 넘어갔어도 감나무는 우리 집에서

     심고 가꾸었기 때문이야.

4주 4일

92쪽 1. ① 채

②채

③채

2. ① 가방을 든 채 친구를 기다리고 있었다.

② 화가 나서 친구를 남겨둔 채 돌아왔다.

93쪽 1. ① 체

②체

③체

2. ① 못 들은 체

② 모르는 체

③ 잘난 체

94쪽 1. ③ : 너에 대한 내 마음은 결코 변할 거야. → 너에 대한 내 마음은

결코 변하지 않을 거야.

→ '결코' 뒤에는 부정을 뜻하는 '아니다', '없다' 등의 말이 옵니다.

2. ① 나의 생각과 그의 생각은 결코 같아질 수 없다.

② 지연이는 결코 나쁜 아이가 아니다.

95쪽 1. ① 옷감의 넓고 좁음, 길고 짧음은 내가 아니면 알 수 없어.

② 내가 나서서 옷감을 잘라야 일이 된다고요.

96쪽   1. ④ → ①, ②, ③의 '두루뭉술하다'는 모나거나 튀지 않고 둥그스름
         하다는 뜻으로 쓰였고, ④의 '두루뭉술하다'는 말이나 행동이
         분명하지 않다는 뜻으로 쓰였습니다.

         2. 너무 두루뭉술해.

97쪽   1. ① 얼떨떨하다. 얼떨떨했다. 얼떨떨해. → 셋 중에 하나를 쓰면
            맞습니다.

            ② 얼떨떨한

            ③ 얼떨떨하다. 얼떨떨했다. 얼떨떨해. → 셋 중 하나를 쓰면
            맞습니다.

         2. 얼떨떨해.

98쪽   1. ① 선생님께 궁금한 것을 물어보았다. (   ) : 물어보았다. →
            여쭤보았다.

            ② 할아버지께서 초등학교에 입학한다고 선물을 주셨다. (O)

            ③ 선생님께서 많이 편찮으시다. (O)

            ④ 아버지께서 밥을 먹고 있었다. (   ) : 밥을 먹고 있었다. →
            진지를 잡수시고 계셨다.

         2. ① 옆 반 선생님께서 나에게 심부름을 시키셨다.

            ② 어머니께서 할머니를 병원에 모시고 가셨다.

99쪽   1. 쉬지 않고 나무를 쏠거나 딱딱한 열매를 갉아 먹는다.

2. 운동화 뒤꿈치가 닳아서 새로 샀다.

3. 토끼 – 귀가 길다. 앞다리가 짧아서 산에 잘 올라갈 수 있다. 등등

100쪽   4주 정리학습

1. ① 동생은 가끔 ●   ● 화난 채한다.
       장난으로   ● 화난 체한다.

   ② 너무 피곤해서 ●   ● 옷을 입은 체 잠이 들었다.

                              ● 옷을 입은 채 잠이 들었다.

   ③ 허리를 펴고 ●   ● 반듯이 앉아라.

                              ● 반드시 앉아라.

   ④ 나는 결심을 ●   ● 반드시 행동으로 옮긴다.
       하면   ● 반듯이 행동으로 옮긴다.

2. 아빠, 할머니께서 떡을 주셨어요. 드셔 보세요.

102쪽　1. ① 잊기

　　　　② 잊고

　　　　③ 잊었다

　　　2. 추위를 잊고 친구와 신나게 놀았다.

103쪽　1. ①

　　　　② 연필을 잃어버려서 친구에게 빌렸다.

　　　　③ 길을 잃어버려서 한참을 헤멨다.

　　　　④ 약속을 깜빡 잊어버려 잔소리를 들었다.

　　　2. ① 어머니께서 사 주신 시계를 <u>잃어버려서</u> 한참 찾았다.

　　　　② 가끔 어릴 때 <u>잃어버린</u> 인형이 생각난다.

104쪽　1. ③ : 물어보는 문장입니다.

　　　2. 콩쥐가 눈물을 뚝뚝 흘립니다.

105쪽　1. 감격스러운 표정으로 고개를 숙여 인사하며 기뻐하는 목소리로
　　　　말해야 한다.

106쪽 1. ① 쌓았다
　　　　② 쌓은
　　　　③ 쌓아
　　　2. ① 이삿짐이 산더미같이 쌓여 있었다. (○)

107쪽 1. ① 맞이할
　　　　② 맞이하여
　　　　③ 맞이했다
　　　2. ① 나무꾼은 선녀를 신부로 맞이하여 행복하게 살았다. (○)

108쪽 1. ② : 물어보는 문장입니다.
　　　2. ① 책을 읽고 독서록을 써라.
　　　　② 몸이 튼튼해지도록 아침마다 달리기를 하거라.(해라)

109쪽 1. ① 꽃샘추위 – 꽃이 피는 것을 시샘하듯 몰아닥친 추위
　　　　② 꽃샘바람 – 꽃샘추위 때 부는 바람
　　　　③ 소소리바람 – 이른 봄에 살 속으로 스며드는 듯한 차고
　　　　　매서운 바람

110쪽   1. ① 부수고

② 부수고

③ 부수고

2. 친구가 내가 만든 탑을 실수로 부쉈다.

친구가 실수로 내가 만든 탑을 부쉈다.

→ 둘 다 맞습니다.

111쪽   1. ① 닮았니

② 닮았대

③ 닮았대

2. 나는 아빠를 닮아서 옆으로 자는 습관이 있다.

112쪽   1. ④ : 시키는 문장입니다.

2. ① 집에 갈 때 나랑 같이 가자.

② 어, 비 온다. 우산 좀 같이 쓰자.

113쪽   1. 동생의 이마에 차가운 물수건을 얹어 주었다.

2. 안쓰럽고 걱정되는 마음

114쪽 　1. ① 부어서

　　　　　 ② 부었다

　　　　　 ③ 붓고

　　　　2. ① 울어서 눈이 퉁퉁 붓다.

　　　　　 ② 보온병에 따뜻한 물을 붓고 있었다.

115쪽 　1. ① 불었다

　　　　　 ② 불은

　　　　　 ③ 붇다

　　　　2. ① 불려

　　　　　 ② 부었다

116쪽 　1. ① : 부탁하는 문장

　　　　2. ① 오늘 급식으로 짜장면이 나올까?

　　　　　 ② 주말에 친구들이랑 수영장에 갈까?

117쪽 　1. 내 몸에 불덩이가 들어왔다.

　　　　2. 예) 온몸이 불덩이가 되었다. 으슬으슬 추웠다…… 등등

118쪽   1. ① 게을러서 ② 게으른

2. ① 나무늘보는 ●   ● 몹시 게을러진다.

② 방학만 되면 나는 ●   ● 게으르다.

③ 게으른 사람은 ●   ● 손해 보는 일이 많다.

119쪽   1. ① 어수룩해서   ② 어수룩하구나
2. 어수룩하다

120쪽   1. ④ : 풀이하는 문장
2. ① 가로수길이 오늘따라 멋져 보이는구나!
② 친구와 나누어 먹으니 더 맛있구나!

121쪽   1. ① 평화를 사랑하는 마음
② 조화로운 우주   ③ 하늘, 땅, 물, 불

122쪽   5주 정리학습
1. 와, 정말 멋지다! ●   ● 우리 여행 갈까?

너는 장래 희망이 뭐니? ●   ● 신발이 참 멋지구나!

병원에 가서 예방 주사를 맞자. ●   ● 같이 도서관에 가자.

교실에 있는 쓰레기를 치워라. ●   ● 엄마 심부름을 했다.

동생이 지금 책을 읽는다. ●   ● 운동화를 신거라.

2. ① 오빠가 컵에 우유를 붓고 있다.
② 오래 걸었더니 발바닥이 붓고 아프다.

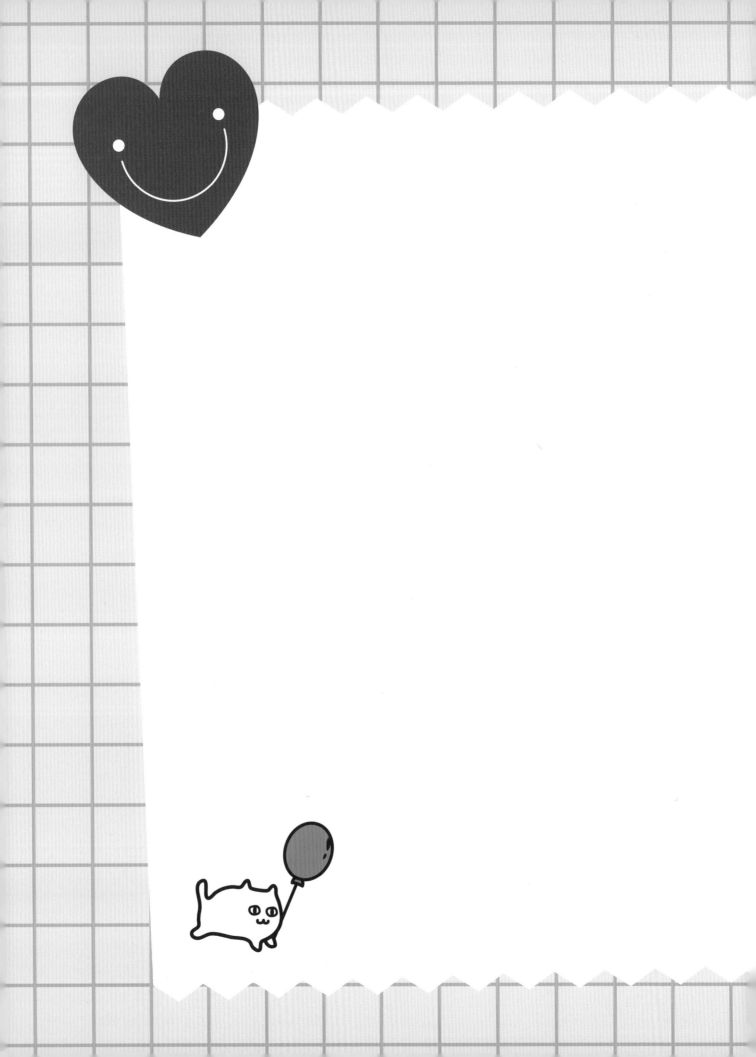

MEMO